그들은 왜 더 행복할까

LYKKEN UNDER LUP(HAPPINESS UNDER THE MICROSCOPE)by Meik Wiking
ⓒ Meik Wiking and People's Press 2016
Korean Translation Copyright ⓒ 2018 by E*PUBLIC
All rights reserved.
The Korean language edition is published by arrangement with
People Group Agency, Copenhagen through MOMO Agency

이 책의 한국어판 저작권은 모모 에이전시를 통해
People Group Agency, Copenhagen 사와의 독점계약으로
(주)이퍼블릭에 있습니다.
저작권법에 의해 한국 내에서 보호를 받는 저작물이므로
무단전재와 무단복제를 금합니다.

덴마크 행복연구소가 찾아낸
남들보다 행복한 사람들의 비밀

그들은 왜 더 행복할까

마이크 비킹 지음 · 이종인 옮김

마일스톤

● ○ **한국어판 서문**

"더 풍족해졌지만 더 행복해지지는 않았다!"
최근 많은 한국인들이 내게 들려준 말이다. 생활수준의 향상이라는 면에서 그동안 한국이 이루어낸 성과는 매우 놀라운 수준이지만 경제가 성장한 만큼 삶의 질이 높아진 것은 아니다. 이것은 한국만의 이야기가 아니라 전 세계 사람들의 이야기이기도 하다.

하지만 한국은 반짝이는 변화의 씨앗을 품고 있는 나라이다. 얼마 전 한국에 방문했을 때 나는 분명히 느낄 수 있었다. 변화를 갈망하는 한국인들의 정신은 정말 놀라웠다. 그들은 부패에 맞서기 위해 기꺼이 거리로 나아갔다. 일과 삶의 균형을 이루기 위한 그들의 꿈에 대해서도 들었다. 뿐만 아니라 더 나은 사회를 만들기 위한 답을 구하고자 덴마크로 날아온 이들도 만날 수 있었다. 그들은 더 나은 사회, 더 나은 도시, 더 나은 정책을 설계하고 좋은 삶의 터전을 이루기 위한 토대를 만들어가고자 답을 찾고 있었다.

나를 비롯한 많은 행복연구가들도 오랜 시간 이와 같은 질문에 대한 답을 찾아왔고, 그 여정은 현재진행형이다. 행복연구소에서는 여러 나라들을 방문하고 있는데, 그중에서 가장 많은 질문을 하는 곳이 바로 한국이다. 변화의 가능성이 내재된 두드림의 열정이 빚어낼 미래에 작으나마 동참하고 싶다. 이 책이 행복에 대한 답을 찾고 우리가 더 나은 내일을 만들어가는 데 도움이 되기를 바란다.

마이크 비킹

●○ 들어가는 글

행복에 대해 우리가 알아야 할 것들

사람들은 언제 '행복'이라는 단어를 쓰는 걸까?
보통 최고의 순간을 맛보거나 흠 잡을 데 없이 안온한 삶을 누리고 있다는 생각이 들 때, 자신의 완벽한 모습이 마음에 들 때 자연스럽게 붙이는 말이 '행복'이다. 그런가 하면 '행복 추구하기'라거나 '행복을 얻는 요령', '진정한 행복'같이 제목부터 행복이라는 단어가 들어가 있는 책들을 사들이며 행복을 꿈꾸기도 한다.

나도 덴마크 행복연구소 Happiness Research Institute of Denmark에서 일하기 시작한 직후에 행복 관련 서적을 사러 간 적이 있다. 스탠퍼드 대학의 저명한 학자이자 심리학 교수가 쓴《행복을 얻는 요령 The How of Happiness》이라는 책이었는데, 누가 봐도 자기

계발서의 모든 요소를 다 갖춘 제목이었다. 그때 나는 어쩐지 나 자신이 필요해서 그런 책을 산다는 인상을 주고 싶지 않아서 서점 점원에게 굳이 선물용이니 포장해달라는 말을 건넸다.

이 지점에서 솔직히 말해보자. 사실 '행복'이라거나 '행복연구'라고 하면 대번에 1970년대가 남겨준 유산인 플라워 파워 flower power*가 떠오르지 않는가. 넘쳐나는 뉴에이지의 물결, 자연친화주의자의 상징 같은 콩 수프의 냄새, 왁스 프린트 옷에 샌들을 신은 히피 청년 같은 분위기가 물씬 풍겨오지 않던가. 반전反戰, 반反물질주의 철학 아래 평화와 사랑을 외치며 통념적인 현실의 삶보다는 자유로운 영혼으로 개인의 행복을 외치던 히피 문화의 느낌이 '행복연구'라는 말에 묻어 나오는 것이다. 이런 맥락에서 행복이라는 단어에는 현실에 기반한 객관적이고 진지하며 깊이 있는 이미지보다는 현실적이지 않아 보이

---

* 플라워 파워(flower power): 1960년대 말~1970년대 초 히피족이 몸에 꽃을 장식하거나 꽃을 들고 다니면서 평화와 사랑의 상징으로 삼은 데서 유래된 말이다. "Make love, not war(전쟁이 아닌 사랑을 하자)!"를 구호로 내세운 히피족의 반전(反戰), 반(反)물질주의 철학을 플라워 파워라 불렀고, 이는 '히피족의 세력'을 뜻하기도 한다. 히피족은 전쟁을 반대하고 평화를 외치며, 차별에 반대하고 인간성 회복을 외치며, 자본주의의 소비문화를 반대하고 자연으로 돌아가자고 외치면서 머리와 수염을 기르고 맨발이나 샌들을 신으며 다양한 천으로 옷을 만들어 입었다. _편집자

고 감성적이고 즉흥적인 이미지가 담겨 있다고 생각하는 사람들이 많다.

그래서인지 내가 행복연구소에서 일한다고 하면 다들 예외 없이 킥킥거린다. 그렇다고 욕을 할 수도 없는 노릇이다. 행복연구소 소장인 나도 내 연구 분야의 명칭에 여전히 히피 문화의 요소들이 녹아 있다는 걸 인정하니 말이다.

그런데 최근 몇 년간 이런 양상이 달라지고 있다. 행복에 대한 연구가 활발하게 이루어지면서 행복 관련 자료가 폭발적으로 쌓이고 있고, 명망 있는 학자와 정치인들이 행복이라는 이슈에 주목하며 신경 쓰는 일이 갈수록 늘고 있다. 이제 행복과 관련된 이야기나 책도 다양한 분야의 객관적 데이터에 기반해 깊이 있는 내용을 다룰 수 있을 테니 서점에서 행복 관련 책자들이 자기계발 코너로 밀려나는 일이 사라질 날도 멀지 않았다. 행복에 대한 논의가 발전해가는 이런 과정에 이 책이 도움이 되면 좋겠다.

이 책은 크게 두 가지 점을 다룰 것이다. 우선은 정치적·문화적·학문적으로 행복에 대해 말할 때 어떤 얘기를 하는지 알아볼 것이다. 두 번째는 행복과 삶의 질이라는 개념이 다른 연구 분야에 전문적으로 적용될 수 있는 방법을 찾아볼 것이다. 명확히 해둘 것은 이 책이 독자들에게 행복을 얻는 방법을 가르쳐주는 책이 아니라는 점이다.

오늘날에는 유엔이나 OECD 같은 거대한 국제기구들이 행복연구에 나서고 있다. 영국과 캐나다 정부에서는 국가의 행복지수를 높이려고 정기적으로 행복에 관한 설문조사를 실시한다. 또한 구글 같은 회사에서는 직원들의 생산성을 높이고 결근율을 줄이려고 '최고행복책임자Chief Happiness Officer'라는 직책을 두고 있다. 다양한 분야에서 다각도로 행복연구에 접근하고 있는 것이다. 그러나 충분하진 않은 단계이다. 행복이라고 하면 덴마크는 이미 국제적으로 알아주는 수퍼 브랜드가 됐지만 세계 행복지수 1위의 나라에서도 이 분야의 조사연구는 아직 미진한 게 현실이다.

행복연구가 확산되면서 학자들과 정치인들은 시민들이 자신의 삶을 어떻게 꾸려가고 있는지, 일터에서는 어떤 형태로 부딪히고 있고, 지역사회와는 어떻게 관계를 맺고 지내는지 돌아보게 되었고, 시민의 삶과 일터와 지역사회의 공동체 문화를 건전하게 구축하는 방법에 대해 이전보다는 더 깊이 있게 접근하게 되었다.

이런 맥락에서 행복연구는 사회 비평의 도구로 쓰일 수 있게 된다. 또 사회 발전의 성취도를 측정할 때 경제력 측정 일변도의 천편일률적인 방식에서 벗어나 질적인 측정방법을 적용할 수도 있게 된다. 이처럼 행복연구가 다른 연구 분야에 적용될 수 있는 지점을 이끌어내는 논의를 지속해가는 것이 이 책의 목적이다.

1장에서는 행복의 개념이 오랜 세월 동안 변해온 과정을 살펴보고, 오늘날의 행복은 과연 어떤 개념인지 논의해볼 것이다. 우리에게 낯설지 않은 현대의 행복의 개념은 이미 고대 그리스의 철학자들이 정립해놓은 것이다. 더 이상 신들의 영역이 아닌 인간의 영역으로 돌아온 행복은 이제 개인이 스스로 책임지며 추구해야 하는 것이 되었다. 그리고 적어도 이론적으로는 모든 사람이 누릴 수 있게 되었다.

2장에서는 정부, 도시, 기업, 대학 등이 점차 행복을 중요한 요인으로 받아들이게 된 과정을 제시한다. 최근의 연구들은 해당 지역의 주민이나 회사 직원의 행복수준이 높아짐에 따라 경제적 혜택이 많아진다는 것을 증명해주었다. 성장을 측정하는 수단으로서 행복조사는 기존의 국민총생산 개념을 대체하는 유효한 대안이 될 수 있다.

3장에서는 행복을 과학적으로 측정하고 연구하는 방식에 대해 살펴볼 것이다. 덴마크를 세계에서 가장 행복한 나라라고 규정했을 때, 국제적으로 실시되는 각종 조사들은 실제로 무엇을 측정한 것인가? 행복이라는 보이지 않는 개념을 측정하는 것이 어떻게 가능해진 것인가?

4, 5, 6장에서는 최근의 행복연구들 중 흥미로운 결과들을 살펴보고 대규모 국제 연구에서 드러난 일정한 패턴들을 찾아볼 것이다. 행복한 사람들은 어떤 공통점을 갖고 있을까? 행복의 원인과 결과는 무엇인가? 나아가 최고의 행복수준을 자랑하는 덴마크의 실상을 심층적으로 살펴보고, 항抗우울제가 그런 행복수준에 어떻게 기여했는지도 알아볼 것이다.

7장에서는 행복연구가 현재 어디로 가고 있는지 살펴보고, 행복연구의 미래상을 그려볼 것이다. 앞으로 행복연구는 정치적 차원에서 국가적 과제의 한 부분이 될 것인가? 사회적 차원에서 정치적 노력의 일부가 될 것인가? 기업 차원에서 소비자를 유인하는 도구가 되고 나아가 국가 차원에서는 이민자들을 유치하는 힘이 될 것인가?

차례

한국어판 서문 • 5
들어가는 글 행복에 대해 우리가 알아야 할 것들 • 7

1장 행복의 개념은 어떻게 변해왔을까?

나라마다 다른 행복의 의미 • 22
행복은 변덕스러운 것 • 26
행복관을 떠받치고 있는 두 개의 기둥 • 32
기독교, 현세에서 내세로 행복을 옮기다 • 41
천상의 행복에서 지상의 행복으로 • 45
행복은 인간의 타고난 권리라는 믿음 • 48
행복연구에 나선 긍정심리학과 경제학 • 53
광고, 행복의 힘을 사고팔다 • 56

2장 정치는 개인의 행복에 어떻게 영향을 주었나?

더 나은 삶을 향한 새로운 패러다임	• 70
케네디의 유산: 삶의 질을 측정하라	• 78
측정하는 것이 무엇이냐에 따라 삶이 달라진다	• 81
행복한 사람들이 가져오는 사회적 이익	• 86
기업이 직원의 행복에 주목하는 이유	• 89
무엇이 그들을 행복한 도시로 만드는가?	• 92
모든 사람이 행복한 멋진 신세계?	• 97

3장 보이지 않는 행복을 어떻게 측정할 수 있을까?

행복의 크기는 주관적이다	• 104
행복을 측정하는 세 가지 방식	• 110
질문에 따라 결과가 달라진다	• 115
경험하는 것과 기억하는 것의 차이	• 118
행복한 사람들 사이에는 공통분모가 있다	• 122
어떤 것이 원인이고 어떤 것이 효과인가?	• 125

4장 | 유전자가 행복에 영향을 미칠까?

행복은 타고나는 것일까? • 134
중년에 행복이 바닥을 치는 이유 • 143
항우울제가 행복을 지켜주는가? • 150
행복한 사람들이 오래 산다? • 153

5장 | 국가와 돈이 삶의 질을 결정할까?

덴마크 사람들은 얼마나 행복한가? • 166
행복한 나라에서 자살을 선택하는 사람들 • 170
가난한 사람들이 '덜 불행한' 나라 • 173
정치와 사회에 대한 신뢰가 갖는 힘 • 177
부유한 사람이 가난한 사람보다 더 행복한가? • 184
소득이 늘어도 행복은 늘지 않는 이유 • 189
행복은 남들과의 비교 속에서 온다? • 194
사회적 지위를 드러내는 '과시적 소비' • 197
소셜미디어 속에만 존재하는 완벽한 삶 • 201

6장	**어떤 선택이 우리를 행복하게 만들까?**

결혼은 우리를 더 행복하게 할까? • 212
나를 이해하고 지지하는 사회적 네트워크 • 215
남을 돕는 행동이 나를 행복하게 한다 • 222
어디에 돈을 써야 가장 행복할까? • 224
완벽을 추구할 것인가, 차선에 만족할 것인가? • 230
선택의 기회가 다양해지면 더 행복할까? • 234

7장	**더 나은 삶을 위해 해야 할 일은 무엇인가?**

행복학에 등장한 새로운 언어 • 242
행복연구에 대한 다양한 투자 • 245
행복학을 교과 과목에 포함시키는 이유 • 249
좋은 삶을 제공하기 위한 도시들 간의 경쟁 • 253

역자 후기 • 258
참고문헌 • 265

1장
행복의 개념은
어떻게 변해왔을까?

lykken under lup

○ 행복에 대한 생각의 뿌리는 고대로까지 거슬러 올라간다. 시간이 흐르면서 행복에 대한 우리의 인식도 변해왔다. 인간의 행복을 주관하는 것은 신이라고 믿었던 초기와는 달리 행복이란 개인이 스스로 창조해나가는 것이라고 인식하게 되었다.

○ 최근 들어 경제학자, 사회학자, 심리학자 및 기타 학자들이 행복 분야의 연구를 활발하게 수행한 덕에 관련 자료가

매우 많이 축적되었다. 이에 따라 행복연구는 사회과학 분야의 한 학문으로 받아들여지게 되었다.

○ 행복에 대해 논의하려면 우선 행복에 관련된 더 나은 용어 체계를 확립할 필요가 있다. 다양한 인식과 현상을 설명하는 데 '행복'이라는 단어가 쓰이기 때문이다.

- 나라마다 다른
○ 행복의 의미

행복연구에 관심이 있는 사람이라면 먼저 짚어봐야 할 질문이 있다.

'행복은 보편적 개념인가? 전 세계 사람들이 행복에 대해 공통된 견해를 갖고 있는가?'

대답은 간단하다. '아니오!'

행복이라는 용어는 하나의 뜻으로 두루 쓰이는 게 아니라 아주 다양하게 해석되고 있다. 또한 사람들은 저마다 다른 방식으로 행복을 받아들인다.

'행복'이라는 단어는 나라마다 어감 語感상 차이가 있다. 가벼운 뉘앙스 차이일 때도 있지만 때론 품고 있는 무게감 자체가 상당히 다를 수도 있다.

덴마크어와 영어 사이에는 어떤 근본적 차이가 있는 걸까. '행복하다'는 뜻으로 해석되는 덴마크어 'Jeg er lykkelig'와 영어 'I am happy'를 비교해보면 차이가 드러난다. 덴마크어의 행복을 의미하는 lykkelig는 영어의 happy보다 무거운 뜻을 지녔는데 실제로는 잘 쓰이지 않는 말이다. 그와는 달리 영어 happy는 그저 기분이 좋다는 뜻으로도 쓰일 만큼 일상에서 가볍게 사용된다.

영어 'I am happy with my job(내 직장에 만족한다.)'과 같은 뜻의 덴마크어 'Jeg er glad for mit job'을 비교해봐도 덴마크어가 훨씬 무게 있고 강력한 선언으로 들린다. 이와 같이 단어는 같지만 '행복'의 의미를 받아들이는 데는 나라마다 차이가 있다.

당연히 '행복이란 무엇인가?'라는 질문을 던졌을 때 돌아오는 대답도 다른 양상을 띤다. 덴마크에서 이렇게 묻는다면 가장 많이 듣게 되는 대답은 '훌륭한 삶을 영위하는 것' 혹은 '어떤 완벽한 순간'이라는 말일 것이다. 완벽한 순간이라는 특별한 상황과 훌륭한 삶이라는 인생 전반의 상황, 행복은 이렇게 단기적 행복과 장기적 행복으로 나누어 생각해볼 수도 있다. 사람들은 또 행복을 인생의 동반자를 만나거나 평생 직업을 찾는 것, 자신이 꿈꾸던 삶을 살아가는 것이라고도 생각한다.

행복하면 떠올리는 것은 사람마다 다르다. 저마다 경험도 다르고 환경도 다르니 환한 행복을 떠올리는 사람도 있지만 불행 속에서 찾아낸 진주 같은 행복을 연상하는 사람도 있다. 그런데 덴마크 문화에서 행복에 대한 연상은 전적으로 긍정적이다. 반면에 불행은 어떻게든 피하고 싶은 대상이어서 덴마크 사람들은 불행과 긍정적인 것을 절대 결부시키지 않는다. 이것이 덴마크가 동유럽 국가들과 다른 점이다. 동유럽 국가에서는 불행한 사람을 특별히 감수성이 예민하고, 생각이 깊고, 지적인 사람으로 여기는 경향이 있다. 덴마크 문화에서라면 꿈도 못 꿀 일이다.

중국에서는 행복에 대해 말할 때 내면의 평화를 중시하는 반면 서구 세계에서 행복이라고 하면 일반적으로 즐거움을 누릴 수 있는 조건을 뜻한다. 미국에서도 행복이란 주로 개인의 성공과 아메리칸 드림을 성취하는 것을 의미한다.

이것은 한국이나 일본의 일반적인 행복관과도 대조된다. 이들 나라에서는 행복 대신 '운이 좋다.'고 말하는 데 더 익숙하다. 행복은 마치 행운처럼 멀리서 주어지는 것쯤으로 여긴다. 특히 한국에서는 잘나고 못나고를 떠나 한 사람의 복은 일정한 양量이 정해져 있다고 믿는다. 그래서 지금 이 순간 분에 넘치는 복을 누린다면, 행복 계좌에서 예금을 한꺼번에 너무 많이 인출한 것이 되어 나중에는 균형을 잡기 위해 그만큼 불행해지게 된다고 여긴다.

이처럼 행복에 대한 견해는 나라 간에 분명한 차이가 있고, 사람들이 다양한 만큼 행복의 정의도 다양하다고들 한다. 그러나 이것이 딱 들어맞는 말이라고 하긴 어렵다. 행복관이 나라마다 다른 건 사실이지만 그에 못지않게 유사한 점도 많기 때문이다. 가령 행복이야말로 갖고 싶고 놓기 싫은 기분 좋은 것이라는 데 전 세계 대부분의 사람들이 고개를 끄덕일 테니 말이다.

행복이 다른 현상들보다 더 문화 의존적이라는 주장도 나는 그리 대단하게 보지 않는다. '행복이란 무엇인가?'라는 질문을 던졌을 때 건강, 외로움, 문화, 아름다움, 리더십에 대한 질문보다 더 다양한 대답이 나온다고 보지 않기 때문이다.

다양한 사람이 있는 것처럼 행복의 정의도 다양하다고 말할 때, 그건 대체로 '행복을 얻어내는 수단'이 다양하다고 말하는 것일 뿐이다. 다시 말해 행복의 원인이 사람에 따라 다르다는 것이다. 하지만 이 역시도 정확한 말이라고 할 수는 없다. 스스로 자신이 행복하다고 느끼는 사람들 사이에서는 비슷한 유형이 발견되기 때문이다. 이 문제는 4, 5, 6장에서 자세히 살펴볼 것이다.

● 행복은
○ 변덕스러운 것

행복의 정의를 둘러싸고 혼란이 분분한 것은 세월이 흘러오면서 행복에 대한 인식이 변해왔기 때문이다.

행복을 뜻하는 단어 'happiness'가 〈옥스퍼드 영어 사전〉에 처음 등장한 것은 1530년이었다. 그 당시의 행복은 '행운 luck'이라는 뜻에 가까웠다. 운이 좋은 사람에게 행복이 미소 짓는 것이라고 여겼던 것이다. 행복이 '심리적 즐거움'을 뜻하게 된 것은 훨씬 뒤의 일이다. 1960년에 사전에서 행복의 애초의 의

미가 완전히 사라졌고, 행복은 더 이상 행운하고는 상관없는 것이 되었다.

이처럼 행복의 정의가 변해온 발전과정을 이해하려면 먼 과거로 거슬러 올라가야 한다. 그 속에서 행복의 현대적 정의를 규정하는 여러 가지 인식들을 만나보게 될 것이다.

서구 문명에서 행복이라는 개념의 원천은 고대 그리스에 있다. 시기적으로 역사학의 아버지 헤로도토스 Herodotos가 태어난 기원전 480년경으로 거슬러 올라가야 한다. 헤로도토스가 쓴 《역사 Histories》에는 페르시아 전쟁에 대한 기록이 빼곡히 담겨 있다. 이 책에서 우리는 그리스와 페르시아 간의 마라톤 전투 이야기는 물론이고 그 당시 사람들의 행복에 대한 생각들을 읽을 수 있다.

《역사》에 등장하는 크로이소스 왕은 오늘날의 소아시아에 해당하는 거대한 제국 리디아의 왕이었다. 그는 전설적인 부와 권력을 지닌 왕이었기에 자신이 이 세상에서 가장 행복한 사람이라고 생각했다. 그래서 그리스의 현자인 솔론이 방문했을 때 자신의 보물창고들로 데리고 다니며 보물 하나하나가 얼마나 굉장하고 값진 것인지 보여준 뒤 기회를 엿보다 물었다.

"이 세상에서 가장 행복한 사람을 만난 적이 있는지 묻고 싶소이다."

솔론의 입에서 당연히 이토록 엄청난 부와 권력을 지닌 크로이소스 왕이야말로 이 세상에서 최고로 행복한 사람이라는 말이 나올 거라고 믿으면서 말이다. 그런데 솔론은 아테네 사람 텔로스가 가장 행복한 사람이라고 대답했다. 텔로스는 훌륭한 삶을 살았으며, 조국을 위해 싸우다가 영웅의 죽음을 맞이한 사람이라고 했다. 아테네 사람들이 그가 전사한 곳에 국비로 그를 매장해주고 그의 명예를 드높여 주었다며 텔로스를 기리는 말을 자꾸 늘어놓자 크로이소스는 자신이 두 번째로 행복한 사람은 되리라 기대하며 다시 물었다.

"그러면 두 번째로 행복한 사람은 누구입니까?"

그런데 이번에도 솔론은 크로이소스 대신 클레오비스와 비톤 형제라고 대답했다. 헤라 여신의 축제가 열렸을 때 이들 형제의 어머니는 급히 소달구지를 타고 신전에 가야 하는데, 들판에 나가 있던 소들이 제때에 돌아오지 못해 시간이 촉박하자 두 형제가 몸소 멍에를 쓰고 달구지를 끌어서 신전에 도착했다. 두 형제는 그 일을 완수한 후 숭고한 노고 탓에 쓰러져 죽었는데, 축제에 모인 사람들은 가장 훌륭한 죽음을 맞이했다며 그들이야말로 장부라고 보고 그들의 입상을 제작해 델포이에 봉헌했다.

듣다 보니 화가 치민 크로이소스 왕이 물었다.

"그렇다면 과인은 어떻소? 나를 그런 평범한 자들보다 못하다고 여기다니 나는 행복하지 않다는 거요?"

솔론이 대답했다.

"전하께서는 제게 인간사에 관해 물으시지만, 저는 신께서 매우 시기심이 많으시고 변덕스러우시다는 것을 잘 알고 있나이다."

솔론은 인간의 행복은 그가 죽은 이후에나 평가될 수 있는 것이라고 생각했다. 그러니 아직 살아 있고, 또 죽기 전까지 어떤 운명이 펼쳐질지 알 수 없는 크로이소스를 두고 가장 행복한 사람이라고 할 수는 없다고 했다. 그러자 왕은 화를 벌컥 내며 솔론을 냉담하게 떠나보냈다. 현재의 행복을 무시하고 무슨 일이든 결말을 눈여겨보라는 솔론을 아는 척하는 바보쯤으로 여겼던 것이다. 그 후 크로이소스의 아들이 사냥터에서 사고로 죽는 일이 벌어졌다.

헤로도토스는 이어서 이렇게 썼다.

"솔론이 떠나간 뒤 크로이소스에게 무서운 신벌神罰이 내렸는데, 아마도 그가 자신을 이 세상에서 가장 행복한 사람으로 여겼던 탓인 듯하다."

《역사》제1권 30장에 나오는 이 이야기는 이렇게 이어진다. 크로이소스 왕에게는 두 아들이 있었는데 한 명은 농아로 불구자였고, 다른 아들 아티스는 또래 중에서도 출중한 젊은이였다. 솔론이 떠나간 뒤 왕은 자기 아들 아티스에게 닥칠 불행을 미리 알려주는 꿈을 꾸었다. 아티스가 창에 찔려 죽는 꿈이었다. 왕은 아들을 보호하려고 먼저 장가를 들이고, 군대의 선봉장에 서던 아들의 출진을 막았으며, 무기라는 무기는 남김없이 방에서 치워버리는 등 할 수 있는 모든 일을 했다.

바로 그 무렵 멧돼지가 나타나 들판을 쑥대밭으로 만드는 일이 계속되자 용맹한 전사인 아티스를 파견해달라는 간청이 쇄도했다. 크로이소스는 이를 해결할 장수를 보내겠다며 아들의 파견을 거절했다. 아티스는 전쟁터나 사냥터에 나가 두각을 나타내는 것이 가장 명예롭고 고귀한 낙이었던 자신이 그런 중요한 일에서 배제되는 것을 속상해 하며 아버지 왕에게 멧돼지가 무슨 손이 있어서 철창을 자신에게 던질 수 있겠냐며 설득했다. 결국 아티스는 사냥에 나서게 되었는데, 놀랍게도 정말 창에 맞아 사망하게 되었다. 공교롭게도 크로이소스가 아들을 보호해달라고 같이 보낸 사람이 멧돼지를 향해 던진 창이 빗나가는 바람에 아티스가 그 창에 맞았던 것이다. 크로이소스는 아들의 죽음에 충격을 받았고, 아들을 잃고 2년 동안이나 비탄에 잠겨 있었다.*

아주 오랜 후에야 크로이소스 왕은 솔론의 말이 옳았음을 깨닫게 되었다. 한 사람의 생애가 끝나기 전에는 그의 삶이 행복했는지 아닌지 알 수가 없는 것이요, 행복은 변덕스러운 것이라는 말이 맞았던 것이다.

크로이소스 왕 이야기에서 헤로도토스는 행복은 변덕스러운 것이라고 말한다. 그가 제시한 이 행복의 개념은 현대인들이 행복을 이해하는 기본 전제가 된다. 덴마크 노래 가사처럼 '인생은 길고 행복은 짧다.' 헤로도토스도 《역사》의 서문에서 "인간사에 변치 않는 행복이란 없다는 것을 나는 이미 알고 있다."고 토로하지 않았던가. 사실 우리도 알고 있지 않은가, 행복은 변덕스럽고 덧없으며 계속 유지할 수도 없다는 것을.

* 이 부분은 옮긴이가 보완한 내용입니다.

우리 안에는 '행복이란 신들의 결정에 달렸다.'는 믿음이 내재되어 있다. 애초에 행운을 행복이라 여겼기 때문인데 그 흔적들은 일상에서도 쉽게 찾아볼 수 있다. 시험을 치기 전에 "굿럭! Good luck: 행운을 빌어요."이라며 응원하고, 도박을 하거나 작은 선물 주머니에서 물건을 꺼내들 때에는 운명의 세 여신이 미소 짓기를 바라며 "우리의 행운을 시험하노라 try our luck."라거나 "행운을 빌어주세요 wish us luck."라고 말하지 않는가.

그러다가 행복이 신의 소관이 아니라 각 개인이 스스로 책임져야 하는 것이라고 인식하게 된 것은 계몽주의 사상이 등장하면서부터였다. 이 문제는 뒤에서 살펴볼 것이다.

- 행복관을 떠받치고 있는
- 두 개의 기둥

서양에서 행복의 개념을 다룬 최초의 인물은 헤로도토스였지만, 고대 사회에서 행복에 대해 포괄적인 이론을 정립한 사람은 그로부터 1세기 뒤의 인물인 아리스토텔레스 Aristoteles였다. 기원전 384년에 태어나 기원전 322년까지 살았던 아리스토텔

레스는 전 시대를 통털어 가장 위대한 철학자라고도 불린다. 그런데 아리스토텔레스의 저작은 7세기경까지 유럽에서 잊혀져 있었다. 다행히도 아랍어 번역을 통해 그의 저작은 다시 살아남을 수 있었고, 1200년경에 유럽으로 다시 역수입되어 널리 퍼졌다. 그 이후 아리스토텔레스의 행복관은 행복을 바라보는 우리의 인식에 큰 영향을 미쳤다.

아리스토텔레스는 행복이 무엇인지 알아내고자 끊임없이 사유했다. 그의 대표적인 저서 《니코마코스 윤리학 Ethika Nicomacheia》은 유럽문화사에서 가장 영향력 있는 책으로 꼽히는데, 그는 이 책에서 행복에 관해 깊게 언급하며 일련의 질문을 던진다.

"사람은 스스로에게 행복해지는 방법을 가르칠 수 있는가? 우정은 행복에 어떤 영향을 미치는가? 사람은 행복한 상태에 익숙해질 수 있는가? 행복이란 실제로 무엇인가?"

아리스토텔레스는 행복이 삶의 목적이자 사람을 살아 있게 해주는 절대적인 목표라고 말한다. 그는 이렇게 언명한다.

"행복은 인생의 목적이자 목표이다. 즉 인간 존재의 궁극적인 목표는 행복이다."

아주 거창한 말이지만, 행복이 무엇이고 어떻게 구성되는지

구체적으로 말해주지는 못한다. 인생의 목적을 행복이라고 말한다면, 과연 무엇이 행복이며 인간은 어느 때 행복하냐에 따라 주장이 달라진다.

그렇다면 아리스토텔레스가 언급한 행복이란 무엇일까?
아리스토텔레스는 행복(유다이모니아)을 '인간의 고유한 기능이 덕에 따라 탁월하게 발휘되는 영혼의 활동'이라고 정의한다. 그는 저술할 때 헤로도토스와 마찬가지로 '행복'이라는 단어를 고대 그리스어인 '유다이모니아 eudaimonia'에서 차용했다. 유다이모니아는 원래 '좋음'과 '사람의 운명'이라는 뜻을 가진 말로, 문자 그대로 풀이하면 '인간의 좋음 곧 잘 존재함'이라는 말이다.

그러면 어떤 것이 잘 존재하는 것 즉 행복한 것일까?
인간이 잘 존재한다는 것은 인간에게만 주어진 이성적 사유 기능을 탁월하게 발휘하는 것이다. 그것을 '덕 virtue'이라고 하고, 덕이라는 말은 '탁월함 excellence'이라는 의미를 지니고 있다. 결국 인간의 덕이란 인간에게 주어진 기능을 탁월하게 발휘하는 성품이고, 인간의 행복이란 덕과 일치하는 영혼의 활동이라고 할 수 있다.

그렇다면 아리스토텔레스는 행복의 내용을 구성하는 요소를 무엇이라고 보았을까?

아리스토텔레스에 따르면, 행복은 용기, 관대함, 친절함처럼 선을 추구하는 행위로 구성된다. 선하고 덕스러운 성품을 닦거나 자기만이 아니라 사회를 위해 선한 행위를 함으로써 행복에 도달하게 된다. 행복은 인생의 목적을 스스로 창조해내는 데서 찾을 수 있는 것이다. 그렇다면 행복은 말초적 즐거움이나 단순한 재미와 놀이 선상의 문제가 아니라 자기 자신을 넘어선 보다 큰 영역 즉 가정이라든가 친구, 사회와 연결된 유대감의 문제이다.

아리스토텔레스의 행복관은 불교에서 말하는 행복의 개념과도 관련이 있다. 불교는 자비를 행복의 핵심 개념으로 본다. 아리스토텔레스와 부처는 둘 다 인간이 물질적인 욕망을 다스려 이겨내야 하고, 그럼으로써 인간적인 고통을 줄여 보다 큰 행복을 취해야 한다고 권면했다. 또한 중용中庸의 길을 따라 절제된 삶을 살아갈 것을 강조했다. 무절제한 삶은 결과적으로 더 큰 고통을 가져다주고, 행복은 쾌락과 도덕 사이의 균형을 잃지 않는 데서 온다고 보았다. 극단을 피하는 중용의 태도를 취하려면 먼저 무엇이 옳은지에 대한 이성적인 판단이 중요하지만, 그것만으로 도덕적이고 행복한 사람이 되지는 않으므로 꾸준한 노력과 의지로 중용의 태도가 몸에 배게 해야만 인간은 행복에 이를 수 있다고 여겼다.

아리스토텔레스는 지식의 화신이자 학문의 상징이었고, 그의 권위는 르네상스기에 이르기까지 압도적이었다. 그가 연구한 분야는 논리학, 수사학, 생물학, 천문학, 철학, 신학에 이르기까지 매우 넓었다. 그는 철학과 여러 학문 분야를 정립했고 그가 분류한 지식 체계는 심지어 오늘날에도 사용되고 있다. 인생에서 의미를 찾을 때 행복을 만날 수 있다는 그의 사상은 오늘날에도 폭넓게 받아들여지고 있고, 행복연구에서도 중요한 사상의 한 갈래를 이루고 있다.

이제 아리스토텔레스의 행복관과 다른 사상을 갖고 있는 쾌락주의에 대해 살펴보자.

식탁에는 조개, 야생 수퇘지 고기, 포도, 대추야자, 오렌지, 견과류, 올리브 등 온갖 산해진미 山海珍味가 올라와 있고, 태양은 청명한 하늘 아래 환히 빛나고 있으며, 시원한 그늘 아래 있는 사람은 한 손에 와인 잔을 들고서 소파에 등을 기댄 채 편안히 누워 있다. 다른 한 손을 내려놓은 애인의 가슴은 아직도 땀

이 흥건하다. 음식, 술, 섹스. 그렇다, 이것이 우리가 알고 있는 쾌락주의의 표상이다.

그리스어 '헤도네 hedone'는 욕망 혹은 쾌락을 의미한다. 이 말에서 나온 헤더니즘 hedonism 즉 쾌락주의 관점에서 볼 때 행복이란 쾌락을 극대화하고 고통은 극소화하며 최대한 불편하지 않게 향락적인 생활을 영위하는 것이다.

이 학파의 창시자는 에피쿠로스 Epicurus 인데, 기원전 300년에 태어난 그리스 철학자이다. 에피쿠로스에 따르면, 쾌락을 좇고 고통을 멀리하는 것이 인간의 본성이므로 쾌감을 가져다주는 것은 선이 되고, 고통과 불쾌감을 가져다주는 것은 악이 된다. 그렇다면 고통을 줄이고 최대한 쾌락을 많이 얻는 것이 선하고 좋은 삶이다. 이 점에서 그는 '쾌락주의자'이며, 이 때문에 쾌락주의는 에피쿠로스주의 epicureanism 라고도 불렸다.

그런가 하면 에피쿠로스의 이름에서 비롯된 식도락가라는 뜻의 '에피큐어 epicure'라는 말도 있는데, 이는 현대에 들어와 쾌락에 탐닉하는 사람을 가리킨다. 그런데 이것은 에피쿠로스 입장에서는 좀 억울한 일이다. 그는 결코 고대 세계의 휴 헤프너 Hugh Hefner (성인용 잡지 《플레이보이》의 창간인_옮긴이)가 아니다. 에피쿠로스는 흥청망청 놀고 마시는 문화와 문란한 파티, 과도한

섹스와 음식을 혐오했을 뿐만 아니라 오히려 소박하고 단순한 즐거움을 선호했다. 그에게 행복이란 고통과 불안으로부터 자유로운 상태를 의미했기 때문이다. 2,000여 년이 흐른 지금까지도 그에 대한 오해는 계속되고 있지만 역설적이게도 에피쿠로스는 결코 과도하게 쾌락을 쫓는 헤더니스트 hedonist 가 아니었다.

에피쿠로스는 빵과 물만 있다면 신도 부럽지 않다고 말하는 금욕주의에 가까운 건전한 쾌락주의자였다. 인간이 필수적인 욕망만 추구한다면 고통 없는 상태인 '아타락시아 ataraxia '에 이를 수 있다고 보았다. 그는 욕망을 크게 필수적 욕망, 필수적이지 않은 욕망, 공허한 욕망으로 나누었다. 필수적 욕망은 우리가 살아가는 데 꼭 필요한 음식, 의복, 집 등에 대한 기본적인 욕구를 말한다. 필수적이지 않은 욕망은 맛있는 음식, 좋은 옷, 쾌적한 집, 섹스 등에 대한 욕망이다. 마지막으로 공허한 욕망은 명성이나 인기 같은 것들에 대한 욕심이다. 그러므로 우리가 추구해야 할 것은 일단 채워지면 더 이상 고통을 낳지 않는 필수적인 욕망뿐이다.

에피쿠로스는 소박하게 살며 두터운 우정을 나누는 '정원 공동체'를 만들어 자신의 철학을 실현하고자 했다. 그는 모든 사람들을 차별 없이 공동체 일원으로 맞아들였고, 쾌락에 끌려 다니지 않아야 행복할 수 있다고 설파했다.

쾌락주의를 예술적으로 해석할 때, 고대에 만연했던 에로스 문화가 쾌락주의적 행복관을 반영한다고 볼 수 있다. 재미있는 에피소드가 있다. 서기 79년에 베스비우스 화산 폭발로 용암재에 뒤덮였던 폼페이의 유적이 발굴되었을 때, 발기한 남근의 유물이 나왔는데 거기에 이런 글귀가 적혀 있었다. 바로 'Hic Habitat Felicitas(여기에 행복이 있다).'는 말이었다.

에피쿠로스의 쾌락주의와 아리스토텔레스의 유다이모니아는 현대의 행복관을 떠받치고 있는 두 개의 기둥이다. 육체적인 즐거움을 만끽하면서 행복한 순간이라고 표현한다면 그건 에피쿠로스적인 행복관이라고 할 수 있다. 반면 이 세상에 안착하여 인생의 의미를 발견하고 전반적인 만족감을 느끼면서 그것을 행복이라고 한다면 그건 아리스토텔레스적인 행복관을 말하는 것이다. 여기서 유다이모니아는 '사회에 기여하며 살아가는 의미 있는 삶'을 뜻한다.

이처럼 행복관이 하나가 아니므로 행복의 개념도 헷갈릴 수 있다. 그래서 행복을 과학적으로 정의하기는 어렵다는 생각도

든다. 그러나 이것은 풀지 못할 문제가 아니다. 단지 행복을 논의할 때 말하고자 하는 바를 좀 더 명확하게 해야 한다는 것을 뜻할 뿐이다. 이 문제는 뒤에서 자세히 다룰 것이다. 그에 앞서 기독교가 우리의 행복관에 미친 영향을 살펴보자.

- 기독교,
  ○ 현세에서 내세로 행복을 옮기다

서기 325년 니케아에서 열린 최초의 기독교 전체 회의에서 콘스탄티누스 대제는 기독교를 로마 제국의 중요한 한 부분으로 받아들였다. 그때까지만 해도 기독교 신자들은 로마 제국 내에서 박해받는 소수 종파였다. 그들은 종종 원형경기장에서 유혈이 낭자한 죽음을 맞이했으며, 로마 군중들은 그 장면을 구경하면서 즐거워했다. 그러다가 기독교가 니케아 회의에서 합법화된 후 55년 뒤인 380년에는 로마 제국의 유일한 합법 종교가 되었다. 이때 기독교 신자들은 대대적으로 그들의 종교를 전파할 수 있는 발판을 마련했다. 그렇게 기독교의 행복관이 유럽 전역으로 퍼지게 되었다.

"의를 위하여 핍박을 받은 자는 복이 있나니 천국이 저희 것임이라. 나를 인하여 너희를 욕하고 핍박하고 거짓으로 너희를 거스려 모든 악한 말을 할 때에는 너희에게 복이 있나니 기뻐하고 즐거워하라. 하늘에서 너희의 상이 큼이라. 너희 전에 있던 선지자들을 이같이 핍박하였느니라."

신약성서의 산상수훈에 나오는 이 말은 기독교가 기존의 행복관의 방향을 크게 전환하는 계기가 되었다. 로마와 그리스의 행복사상과는 다르게 기독교는 행복이 사후에 얻어지는 것이라고 보았다. 행복을 누리는 시점을 현세에서 내세로 바꾸어 놓은 것이다. 이제 신들이 미소를 지으며 이 지상에서 인간의 행복을 약속해주는 일이 없게 되었다. 현세에 있는 동안에 자비롭고, 경건하고, 선량한 행동을 하면 사후에 천상으로 올라가 그러한 행동에 대한 보답으로 영원한 행복을 누린다고 했으니 말이다. 이렇게 인간이 현세에서 욕망을 누르고 미뤄둔 것에 대해 기독교는 내세의 보상을 약속했다. 이 행복관이 도전을 받게 된 것은 그로부터 약 1,000년의 세월이 흐른 후였다.

기독교의 행복관은 행복을 누리는 사람들의 숫자에도 변화를 가져왔다. 과거에는 현세에서 행복을 누릴 수 있는 자가 소수였는데, 기독교는 이제 모든 사람에게 그 행복을 약속했다.

이런 식으로 기독교는 '행복의 민주화'를 선언했다.

앞에서 이미 언급한 것처럼, 1200년대에 유럽에서 아리스토텔레스의 저작이 재발견되었다. 그의 철학은 유럽의 신학자와 철학자, 과학자들에게는 깊은 인상을 주었고, 사상계와 종교계에는 엄청난 충격을 던졌다. 아리스토텔레스는 탁월한 세계관과 논리적인 지식의 체계화로 이미 여러 분야에서 권위자의 자리에 올랐고, 그의 저서 또한 대단한 인기를 누렸다.

그런데 한 가지 문제가 있었다. 아리스토텔레스가 이 세상에서 행복을 찾을 수 있다고 한 점이다. 아리스토텔레스의 행복에 대한 개념은 기독교의 개념과 달랐는데, 움베르토 에코Umberto Eco의 장편소설 《장미의 이름 The Name of the Rose》을 보면 이러한 갈등을 알 수 있다. 소설에서 펼쳐지는 의문의 살인사건은 아리스토텔레스가 희극과 웃음에 대해 쓴 알려지지 않은 글을 숨기려는 수도원의 시도 중 하나였다.

위대한 사상가인 아리스토텔레스를 반박하거나 그의 사상을 교회의 신학사상과 종합하는 일은 토마스 아퀴나스Thomas Aquinas가 맡았다. 그는 1225년에 나폴리 근처에서 태어나 젊은 시절 도미니크 종단에 들어갔고 그 후 로마와 파리에서 신학을 가르쳤다. 그는 당대의 선도적인 신학자로 평가받았고 신학 관런 저서도 여러 권 집필했다. 그중《인간의 궁극적 행복은 이 세상에 있지 않다 A person's ultimate happiness is not in this life》라는 책에서는 행복의 문제를 한 장 내내 다루고 있다.

행복은 천상에서만 발견할 수 있다고 해온 기독교와 지상에서의 행복을 중시하는 아리스토텔레스의 갈등을 해소하기 위해 토마스 아퀴나스는 '두 갈래의 행복'이라는 새로운 개념을 정립했다. 이런 토마스 아퀴나스 식의 봉합으로 갈등은 해소되었다. 기독교는 인간이 현세의 불행을 잘 참고 견디면 영원한 행복을 얻게 될 것이라고 계속 가르칠 수 있었다.

"일단 현세에서 행복을 발견하는 것은 가능하다. 그러나 지상의 행복은 천상의 행복에 비하면 촛불과 태양의 차이이다. 아리스토텔레스는 이런 차이를 알지 못했다. 왜냐하면 그는 예수 그리스도가 사람으로 와서 천상의 행복을 가르치기 이전인 고대 세계에서 활동했기 때문이다."

이렇게 토마스 아퀴나스의 이중 행복관이 정립되면서 현세에서 행복을 누리는 것도 진지하게 생각해볼 수 있는 문제가 되었다. 그 후 르네상스 시대가 도래하여 고대의 예술, 건축, 사상에 대한 관심이 커지면서 행복을 지상의 문제로 다룬 고대의 많은 문헌들이 번역되어 유럽 전역에 퍼졌다.

- 천상의 행복에서
- 지상의 행복으로

르네상스 시대에 들어와 인간은 모든 사물의 척도로서 인식되고, 점점 더 핵심적인 지위를 차지하게 되었다. 그 영향으로 사람들은 현세의 행복에 대하여 더 많은 관심을 갖게 되었다. 관심의 초점은 이제 천상의 행복에서 지상의 행복으로 조심스럽게 이동했다. 현세에서 누리는 기쁨과 즐거움이 다시 정당하게 여겨지기 시작한 것이다.

이러한 흐름은 미술에도 반영되어 1400년대 작품부터는 그림 속 인물들이 미소 짓고 있는 것을 자주 목격할 수 있다. 가장 유명한 미소는 바로 1500년대 초에 제작된 레오나르도 다빈치Leonardo da Vinci의 〈모나리자Mona Lisa〉에 담긴 미소이다.[1]

신학자들은 지상의 행복을 정당화하기 시작했다. 그중 하나가 독일 사제 마르틴 루터Martin Luther인데 그는 가톨릭교회를 혁신하려는 종교개혁에 불을 붙였고 그 결과 개신교의 아버지가 되었다. 그는 1534년에 쓴 편지에서 이렇게 말했다.

"우리는 선량한 양심을 지키면서도 행복해질 수 있다는 것을 압니다. 우리는 하나님의 선물들을 감사하는 마음으로 활용할 수 있습니다. 그분은 우리를 위해 그런 것들을 창조했고 또 우리가 그것을 향유하면 즐거워하실 겁니다."

이와 유사한 사상이 드러나는 책으로 1516년에 발간된 정치적 도서 《유토피아 Utopia》를 꼽을 수 있다. 이 책은 지상에서 이상적 사회를 건설할 수 있다고 주장하는 책이다. 저자인 토머스 모어 Thomas More는 영국 헨리 8세 정부의 대법관이었으며 하나님을 두려워하는 가톨릭 신자였다. 그는 헨리 8세를 영국 교회의 수장 首長으로 인정하기를 거부하는 바람에 단두대에 끌려가 목숨을 잃었다. 그러나 모어는 인문주의자였다. 그는 인간이 지상에서 행복해질 수 있는 가능성을 허용한 하나님에게 감사해야 한다고 생각하는 한편, 행복은 인류가 지향해야 하는 자연스러운 목표라고 보았다.

종교개혁 이후에 계몽주의 시대가 등장하자 관심의 초점은 천상의 행복에서 지상의 행복 쪽으로 더 많이 이동하게 되었다. 1632년에 태어난 영국 철학자 존 로크 John Locke는 계몽주의 시대의 정신적 스승으로 추앙되었다. 그의 저서는 행복, 욕망, 향유 사이에 연결 관계가 있다는 에피쿠로스의 사상을 더욱 확산시켰다. 같은 17세기에 아이작 뉴턴 Isaac Newton은 중력의 이론을 정립했고, 로크는 사람들의 마음이 쾌락에 끌린다는 이론을 정립했다. 그는 《인간오성론 An Essay Concerning Human Understanding》이라는 책에서 처음으로 '행복의 추구'라는 표현을 썼는데 이것은 나중에 미국 독립선언문에도 들어갔다.

미국 독립선언문은 인간이 현세에서 행복을 추구하는 것은 당연한 일이라는 자연철학의 개념에 승인 도장을 찍어준 문서이다. 행복을 추구하는 것은 인간의 본성이라고 여긴 것이다.

계몽주의 시대에 행복은 전 세계의 학문과 문학 분야에서 중요한 주제가 되었다. 영국에서는 셰익스피어의 희곡들 중 일부를 행복한 결말로 끝맺기 위해 일부 가필하는 일이 있었다. 러시아에서는 행복사상을 경축하기 위한 축제가 열렸다. 그 당시에는 행복이 주로 쾌락을 극대화하고 고통을 극소화하는 문제로 인식되어 쾌락주의의 행복관을 닮아 있었다.

1700년대 지식인의 가장 중요한 화두는 바로 이것이었다.

'이 지상에서 어떻게 하면 행복을 이룰 수 있을까?'

이 질문은 중세 1,000년 동안 사람들을 사로잡아온 문제, 즉 '어떻게 하면 구원을 받아 천국에 갈 수 있을까?'라는 화두와 대조를 이룬다. '이 지상에서 어떻게 하면 행복을 이룰 수 있을까?'라는 질문에서 한달음에 '행복에 도달할 때 우리를 가로막는 것은 무엇인가?'라는 질문으로 건너온 뒤 이제는 이런 질문으로 뻗어나갈 수도 있다.

'신의 개입이 없이도 인간이 행복에 도달할 수 있을까?'

'행복은 인간의 권리인가?'

'국가는 우리의 행복에 대하여 책임이 있는 걸까?'

- 행복은 인간의 타고난
- 권리라는 믿음

1700년대 말경에 철학계의 핵심 인물은 영국인 제레미 벤담 Jeremy Bentham 이었다. 그는 도덕철학, 공리주의, 유용성의 원칙을 확립하고, '어떤 것이 가장 많은 사람들에게 가장 많은 행복을 가져다준다면 그것은 좋은 것이다.'라고 주장했다.

벤담은 행복의 공식을 수립하고자 어떤 행동이 좋은지 혹은 나쁜지 계산하는 방정식을 개발했다. '어떤 행동이 얼마나 많은 사람에게 얼마나 많은 행복을 제공할 것인가? 그것이 얼마나 많은 사람에게 불행을 가져올 것인가?' 등을 계산하는 방정식이었다. 이런 방정식은 행복의 정도와 지속성 등의 변수를 감안하여 계산하는 방식이었는데, 윤리를 수학의 수준으로 강등시키는 일이었다.

이런 방정식의 문제점은 다수에 의한 소수의 압박을 정당화한다는 것이다. 만약 다수가 그들의 행복을 위해서 소수를 압박한다면 그런 쾌락주의적 공식은 그들에게만 유리한 것이 되어버린다는 맹점이 있다.

공리주의가 널리 퍼진 분위기 속에서 프랑스 혁명에 불이 붙었고 미국 독립운동이 전개되었다. 미국의 독립선언문은 미국의 혁명을 촉발시킨 불꽃이었고, 13개 식민지들이 영국의 통치에서 벗어나는 계기를 마련해주었다. 1776년에 비준된 그 선언문은 주로 토머스 제퍼슨Thomas Jefferson이 작성했는데 제퍼슨은 미국의 3대 대통령에 취임했다.

이 선언문의 초반부에 다음과 같은 문장이 있다.

"모든 사람은 평등하게 태어났고, 조물주에게 몇 개의 양도할 수 없는 권리를 부여받았으며, 그 권리 중에는 생명과 자유와 행복의 추구권이 있음을 명백한 진리로 주장하는 바이다."

고대 세계에서부터 기독교 시대를 거쳐 행복의 개념이 어떻게 발전해왔는지를 잘 보여주는 문장이다. 이제 행복은 신들이 주관하거나 사후 세계에서 벌어질 어떤 것에서 우리 인간이 주관할 뿐만 아니라 추구할 권리도 가지고 있는 어떤 것으로 발전했다. 행복 혹은 행복을 추구할 수 있는 잠재력은 이제 인간의 권리가 되었다. 행복은 사후에나 측정할 수 있는 것이라던 솔론의 믿음이나 진정한 행복은 사후에만 얻을 수 있다던 토마스 아퀴나스의 선언과는 완전히 대조를 이루는 말이다.

행복의 추구라는 개념은 미국 독립선언문 이전의 수백 년 동안 이미 수많은 철학자와 사상가들이 말해왔던 것이다. 그러나 행복이 인간의 타고난 권리라는 믿음이 이제 이런 역사적 문서에 명문화됨으로써 그 힘을 보여주게 되었다. 미국 독립선언문은 미국 혁명과 식민지 해방에서 그치지 않고 행복이 더 이상 신이나 내세와는 무관한 개념임을 알린 상징이 되었다. 사람들은 마침내 이 땅에서 행복을 추구할 수 있는 자유를 얻었다. 하지만 여기에도 문제는 있다.

행복이 자연적인 권리요 가능성이라면, 어떤 사람에게 그 권리가 없을 경우에 그 사람은 어떻게 해야 한단 말인가. 이 의문은 '나는 왜 행복하지 않은가?'라는 질문으로 귀결된다. 한때는 불행을 천상의 행복을 약속해주는 십자가처럼 여겨 묵묵히 견디는 때도 있었지만, 이제 행복은 내가 책임져야 하는 문제가 되었다. '나는 지금 행복하지 않은데 무슨 책임을 어떻게 지라는 말인가?' 이 의문은 인간이 스스로 자신의 행복을 창조할 잠재력이 있다고 주장하는 이론의 부정적 측면이다. 나아가 이것은 현대 사회에서 가장 중요한 이 질문의 근거가 되었다.

'이렇게 다들 행복한 세상에서 왜 나는 불행할까?'

1800년대는 모든 사람이 행복한 이상 사회를 건설한다는 사상에 사로잡혀 있었다. 가난, 불평등, 기타 사람들이 비참함의 원인이라고 생각하는 요소들이 완전히 제거된 유토피아를 꿈꿨다. 이런 시대 분위기에 편승하여 독일의 철학자 카를 마르크스Karl Marx와 프리드리히 엥겔스Friedrich Engels는 공산주의의 바탕이 되는 원칙을 수립했다. 모두가 행복하지 않으면 그 누구도 행복할 수 없다는 원칙이었다.

모든 사람들을 행복하게 만들겠다는 공산주의의 약속은 기대에 미치지 못했다. 〈유럽사회조사European Social Survey〉와 〈세계행복보고서World Happiness Report〉에 따르면 예전의 공산주의 국가들은 세계에서 가장 가난한 나라 축에 속했고 자살률도 상당히 높았다. 심지어 오늘날까지도 그렇다. 공산주의는 분명 성공을 거두지 못했고 그 사회적 모델들을 현실화시키는 데 실패했다. 하지만 일과 행복의 관계에 대한 우리의 생각을 바꾸는 데 크게 기여했다. 그 이전에는 일이란 필요악이요 에덴동산에서 저지른 죄에 대한 징벌이었지만, 공산주의 사상은 우리에게 일을 잘 조직하면 하나의 즐거움이 될 수 있다는 믿음을 가져다주었다.

가령 자본주의 이전 시대에 대장장이는 자신의 가게를 소유했고, 스스로 작업 시간과 조건을 정하는 것은 물론 제품을 어떻게 생산하여 판매할지도 결정했다. 마르크스는 자본주의 체제에서 불행이 발생하는 이유는 개인 노동자가 복잡한 생산체계의 일부로서 오직 하나의 제한된 일만 하기 때문이라고 지적했다.

또한 마르크스의 공산주의 사회에서는 종교를 허상이라고 보았기에 종교가 사라질 것이라고 예측했다. 사유재산도 소멸될 것이고, 생산수단은 공동의 소유가 되어 노동자를 착취하는 일이 없게 될 것이라고 했다. 무엇보다도 자동화 장치를 지속적으로 도입하여 일하는 날이 크게 줄어들 것이고, 그렇게 되면 그 남는 시간을 이용하여 지적이고 창조적인 관심사를 추구함으로써 즐거움과 행복의 크기도 커질 것이라고 했다. 마르크스의 관점에서 개인은 자신의 창조적이고 지적인 능력을 발휘하여 자기 앞의 문제를 해결하고 그 결과 사회에 기여하는 영웅이었다. 이렇게 열거해놓고 보니 마르크스의 행복관은 에피쿠로스보다는 아리스토텔레스의 행복관에 더 가까워 보인다.

그러나 마르크스의 사상을 따랐던 소련은 이런 행복한 사회를 건설하겠다는 약속을 지킬 수가 없었고 결국 1991년에 붕괴되었다. 그러한 과정들을 거쳐 20세기 말에 드디어 행복에 관한 전문적 연구가 시작되었다. 앞으로 시간이 지나가면서 우리 사회 내의 행복을 증진시키는 방안을 연구하게 될 것이다.

- 행복연구에 나선
- 긍정심리학과 경제학

예전에 행복을 분석한 사람들은 주로 철학자와 신학자였다. 오늘날에는 심리학자, 사회학자, 경제학자들도 행복의 문제와 관련하여 흥미로운 질문을 하기 시작했다. 심리학자들은 먼저 왜 자신들이 우울, 불안, 스트레스 같은 부정적 요인들만 집중적으로 연구하는지 자문하기 시작했다.

"우리는 왜 인간의 마음에 들어 있는 모든 정서를 탐구하지 않는가?"

이 질문은 펜실베이니아 대학의 심리학 교수인 마틴 셀리그먼 Martin Seligman이 1998년 미국 심리학회 회장으로 선임되면서 맨 처음 제기했다. 삶을 불행하게 하는 심리 상태를 완화하는 데에만 치중해 오히려 삶의 긍정적 가치를 돌아보지 못했다는 반성에서 시작된 물음이었다. 그는 동료 교수들에게 심리학의 원래 목적에 맞게 인간의 삶을 향상시키는 문제로 돌아가야 한다고 강력하게 주장하며 그렇게 하지 않으면 안 된다고 경고까지 했다. 이렇게 하여 그는 심리학 분야 내에 '긍정심리학 positive psychology'이라는 새로운 학문 분야를 창조했다.

긍정심리학은 한마디로 어떤 것이 인간에게 행복, 성공, 즐거움을 가져다주는지 연구하는 학문이다. 이 분야에 처음부터 참여했던 1세대 심리학자들은 동료들에게 비웃음을 당하기 일쑤였다. 그들은 보이지도 않고 수량화할 수도 없는 행복을 연구한다는 건 불가능하다고 말했다. 자신들이 이미 보이지도 않고 수량화할 수도 없는 우울을 열심히 연구하고 있는 상황이면서도 그런 모순적인 주장을 했던 것이다. 그들은 무턱대고 비판만 해댈 뿐 왜 행복이 우울에 비해 더 추상적이고, 더 주관적이며, 그래서 더 연구하기 어려운지 그 이유를 대지는 못했다.

시카고 대학의 심리학 교수인 미하이 칙센트미하이 Mihally Csikszentmihalyi는 긍정심리학의 선도적 연구자 중 한 사람이다. 그는 깊은 신비적 체험들을 많이 조사연구한 끝에 그것을 '몰입 flow'이라는 용어로 표현했다. 자신의 일과 행동에 완전히 몰입하는 사람들 가령 예술가와 운동선수는 이런 유형의 체험을 했다고 보고했다.

20세기에 들어와서는 심리학자들만 행복의 문제를 연구한 것은 아니다. 경제학자와 사회 조사연구원들도 경제학과 사회과학의 방법을 원용하여 행복의 개념을 조사했다.

전통적 학문 영역 밖에서 경제학 도구를 활용하기 시작한 최초의 인물은 시카고 대학 교수 게리 베커 Gary Becker였다. 그는 경제학 모델을 사용하여 왜 사람들이 결혼을 하고 또 범죄를 저지르는지 그 이유를 분석하는 작업을 했고, 그 공로를 인정받아 1992년에 노벨 경제학상을 받았다.

경제적 방법론이 그 전통적인 틀에서 일단 벗어나게 되자 온갖 종류의 일들에 활용되기 시작했다. 경제학자들은 이제 왜 어떤 경제체제가 다른 체제보다 더 강력한지 또는 왜 어떤 사람이 다른 사람들보다 더 오래 사는지 등에 대해서 논평할 수 있게 되었다. 이런 식으로 연구해나가다 보면 금세 닿게 되는 질문이 있다.

'왜 어떤 사람들은 남들보다 더 행복한가?'

바로 이 질문이 오늘날 행복연구의 핵심 과제이다. 이 질문에 대답하기 위해 사용되는 자료들이 비슷한 시기에 엄청나게 많이 축적되었다. 20세기 후반에 들어서서 다양한 학문 분야에서 삶의 질을 탐구하는 연구작업이 전 세계적으로 크게 증가했기 때문이다.

- 광고, 행복의 힘을
  - 사고팔다

2,500년 전에 아리스토텔레스는 행복이 인생의 목적이요 의미라고 선언했다. 인간의 존재 이유도 그와 똑같다. 사람들은 여전히 행복을 인생의 궁극적 목표라고 생각하고 있으며, 행복이 실제로 존재한다고 믿는다. 원하던 직장에 들어가고, 꿈꾸던 전원주택을 마련하고, 다이어트로 몇 킬로그램쯤 뺀다면 행복해질 거라고 생각하는 것이다. 광고업체들은 행복의 힘을 알고

있다. 20세기 초반부터 자본주의는 그 행복의 주된 제공자 역할을 해왔다.

현대의 광고는 어떤 제품이 우리의 생활을 바꾸는 것이 아니라 우리의 정체성을 바꾸어 놓는다고 설득한다. 탈취제의 기능은 신체의 악취를 막아주는 것이지만, 그것보다 더 중요한 것은 술집에서 아름다운 여성을 유혹하는 데 도움을 준다는 식이다. 현대의 광고는 감성을 중시한다. 사람은 누구나 행복한 기분을 느끼고 싶어 하기 때문이다.

본질적으로 현대의 광고업체들은 고객에게 더 나은 생활을 약속한다. 행복을 약속하는 것이다. 1960년대 뉴욕 매디슨 애비뉴에 있던 한 광고회사를 중심으로 펼쳐지는 광고쟁이들의 이야기를 담은 드라마 〈미친 사람들Mad Men〉의 주인공 돈 드레이퍼는 이렇게 말한다.

"광고는 오로지 단 한 가지 행복에만 집중한다. 당신은 행복이 무엇인지 아는가? 행복은 새로운 차의 냄새다. 그것은 공포로부터의 자유이다. 당신이 하는 것은 뭐든지 오케이라고 확인시켜주는 대로변의 입간판이다."

광고는 소비자가 어떤 제품을 사용하면서 느낄 간접적인 행복을 약속하지만, 때로 어떤 광고들은 아주 노골적이다.

"행복한 시간 period을 보내세요." 이건 한 생리대 제조업체의 광고 카피다. 시간이라는 단어 period에는 기간, 시기 이외에 월경기간이라는 뜻이 있다.

"Live happIlly(행복하게 사세요)." 이탈리아의 커피 제조업체인 일리 Illy의 광고이다.

폭스바겐 자동차는 고객에게 대놓고 "들어오세요, 행복해지세요."라고 광고한다.

맥도날드는 아예 '행복한 식사'를 제공한다.

최근 코카콜라가 벌이고 있는 '오픈 해피니스 Open Happiness' 캠페인은 웹사이트에서 코카콜라를 선택함으로써 행복을 성취하는 요령을 알려주고 있다. "진정한 행복의 탐구는 실제로는 탐구라고 할 것도 없다. 그것은 결정이요 선택이다. 그러니 한순간도 더 기다릴 것이 없다. 얼음처럼 차가운 코카콜라의 뚜껑을 따고서 행복을 선택하라!"

에피쿠로스라면 이런 논증에 마음이 움직였을지도 모른다. 그러나 아리스토텔레스를 설득하려면 그보다 좀 더 의미 있는 것이 있어야 한다.

행복이 사소하고 경박한 관념으로 전락하게 된 것은 부분적으로 광고산업이 그 용어를 너무 많이 써먹은 탓이기도 하다.

아리스토텔레스가 2,500년 전에 했던 것처럼 아주 유의미한 방식으로 행복이라는 용어를 활용하기는 더 어려워졌다. 모호한 개념을 사소한 방식으로 사용하다 보니 아리스토텔레스의 원래 정의로부터 벗어난 새로운 표현과 의미가 생겨나게 되었다. 오늘날 우리는 행복을 두고 '좋은 생활', '웰빙 well-being','복지', '삶의 질', '삶에 대한 만족감' 등으로 표현하기도 한다.

행복을 웰빙이나 삶의 질이라는 용어와 분리하는 것은 쉬운 일은 아니다. 우리도 잠깐 테스트해보자. 아래의 정의를 읽고 어떤 개념을 가리키는지 한번 구분해보라.

Q1. 훌륭하고 만족스러운 존재의 조건: 건강, 행복, 번영 등의 특징을 가진 상태.

Q2. 만족에서 강렬한 즐거움에 이르기까지 다양한 정서를 특징으로 하는 웰빙의 상태.

Q3. 당신이 생활하고 있는 문화적 혹은 지적 조건들에 대한 개인적 만족 혹은 불만족으로, 물질적 안락함과는 구분되는 것.

위의 세 가지 정의는 각각 Q1은 웰빙, Q2는 행복, Q3는 삶의 질을 설명한 것이다. 어떤가, 서로 겹치는 점이 있지 않은가. 이 때문에 이 세 가지의 개념을 서로 구분하기가 그처럼 어려운 것이다.

행복같이 추상적인 정서를 모든 사람이 이해할 수 있는 단 하나의 단어로 압축하는 것이 가능할까? 결론부터 말하면, 가능하지 않다. 행복은 다면적인 개념이고 다양한 방식으로 해석된다. 정신적 측면과 육체적 측면에 모두 적용될 수 있는 '건강'이라는 단어와 비교해보면 이해할 수 있다.

행복이라는 것에 대해 좀 더 정확하고 간결하게 접근하려면 먼저 행복의 개념을 몇 개의 범주로 나누어 살펴봐야 한다.

아래에서 행복의 역사적 개념들을 바탕으로 만든 몇 개의 하부 범주를 살펴보자. 이것들은 행복을 가리키는 여러 가지 유형 사이의 차이점을 파악하게 해줄 것이다.

- '유다이모니아eudaimonia'는 행복을 가리키는 고대 그리스어이다. 이것은 '좋음'을 의미하는 유다이와 '인간의 운명'을 의미하는 모니아가 합쳐져 만들어진 합성어이다. 아리스토텔레스의 행복관을 설명할 때 이 단어를 사용한다. 구체적으로 말해서 의미 있는 생활을 하고 자기 자신보다 좀 더 큰

어떤 것의 일부분이 되는 것을 의미한다. 유다이모니아는 행복을 측정할 때 사용되는 개념인데, 3장에서 더 자세히 살펴보자.

- '인지평가적 차원 cognitive-evaluative dimension'은 행복을 측정할 때 사용되는 또 다른 하부 개념이다. 이 차원을 측정하기 위해 조사원들은 응답자들에게 한 걸음 뒤로 물러서서 자신의 삶을 장기적 안목에서 바라보라고 요청하며 이런 질문을 던진다.

"0에서 10까지의 척도로 표시할 때, 당신은 전반적으로 어느 정도 행복하다고 생각합니까?"

이 차원은 '장기적 행복'이라고도 부른다.

- '정서적 차원 affective dimension'은 행복을 측정할 때 사용되는 마지막 차원이다. 이 차원은 사람들의 기분을 일일 단위로 측정하는데, 하루 동안 경험한 다양한 순간마다 어떤 기분을 느끼는지 알아보는 것이다. 연구에 사용되는 가장 흔한 질문은 이렇다.

"당신은 어제 얼마나 행복한 느낌이었습니까?"

이 차원은 '단기적 행복'이라고도 부르며, 인지평가적 차원에 비하여 변동 폭이 크다.

- '주관적 웰빙 subjective well-being'은 위의 세 가지 유형 즉 유다이모니아, 인지평가적 차원, 정서적 차원의 행복을 함축한다. 이때 '주관적'이라는 것은 측정할 대상이 응답자들의 다양한 생각이라는 뜻이다.

- '쾌락주의 hedonism'는 최대한의 즐거움과 최소한의 고통 및 불편에 초점을 맞추는 행복관이다. 에피쿠로스와 벤담은 이런 유형의 행복을 대표하는 사상가들이다. 쾌락주의자에게 행복은 곧 쾌락을 의미한다.

- '몰입 flow'은 미하이 칙센트미하이가 고안해낸 행복의 하부 범주이다. 이것은 어떤 행위를 하는 사람이 에너지가 집중되는 느낌, 완벽한 개입, 그 행위의 전 과정을 즐기는 것 등에 완전히 몰입하는 심리 상태를 말한다. 당사자는 자신의 능력으로 집중할 수 있지만 집중의 강도가 너무나 높아서 그 사람의 시간의식과 자의식이 순간적으로 사라져버린

다. 성자들의 '신비한 체험'은 몰입과 관련이 있는데 외부의 도전들과는 무관하게 발생한다.

• '삶의 질quality of life'은 만족 같은 하부 범주를 포괄하는 집단적 용어이다. 이것은 장기적 행복과 유사하나 소득이나 교육수준같이 객관적인 요소로도 측정할 수 있고, 사람들에게 얼마나 만족을 느끼느냐고 물어보는 방식처럼 주관적으로도 측정할 수 있다. 반면에 행복의 인지평가적, 정서적 차원은 주관적 요소들만 가지고 측정할 수 있다.

오늘날 행복은 종종 '삶의 질'이라는 말로 대신하는데, 특히 덴마크 정치인들 사이에서 그런 경향이 강하다. 그러나 덴마크 이외의 지역 정치인들은 '행복'이라는 용어를 다시 사용하고 있다. 그것이 2장에서 살펴볼 주제이다.

2장

정치는 개인의 행복에
어떻게 영향을 주었나?

lykken under lup

○ 최근 들어 학자들과 정치인들은 인간 사회의 발전을 측정하는 수단으로 국민총생산 지표에만 의존하지 않고 대체할 만한 새로운 경제 패러다임을 찾고 있다.

○ 행복은 오늘날 모든 사람의 관심사이며, 정부, 지역 정치인, 기업, 대학에서 측정의 수단으로 행복지수를 사용하는 일이 갈수록 많아지고 있다.

○ 최근의 행복연구들은 우리 사회의 행복수준을 높이면 더 많은 사회 경제적 이득을 낳는다는 것을 보여 준다.

- 더 나은 삶을 향한
○ 새로운 패러다임

"지속가능한 성장의 세 가지 축인 사회적·경제적·환경적 번영은 떼려야 뗄 수 없는 관계입니다. 세계는 세 축이 평등하게 균형 잡힌 새로운 경제 패러다임이 필요합니다. 이 셋이 합쳐져 글로벌 행복을 규정하는 것입니다."

이것은 반기문 전 유엔사무총장의 말이다. 유엔사무총장은 세계에서 가장 영향력 있는 사람들 중 한 명이다.

2012년 4월에 열린 유엔 회의 '웰빙과 행복: 새로운 경제 패러다임의 정의'에서 반기문 전 총장은 웰빙과 행복에 관한 새로운 이론들을 찾겠다고 발표했다. 이 회의에서 최초로 〈세계 행복보고서〉[2]를 발표했는데, 세계 행복수준을 측정하는 동시에 개별 국가들이 국민의 행복을 증진시킬 방안을 제시한 보고서였다.

컬럼비아 대학의 명성 높은 지구연구소 Earth Institute가 유엔을 위해 준비한 그 보고서는 몇몇 국제 행복연구를 요약하고 이런 결론을 내렸다.

"정치를 통해 국민들을 더 행복하게 만드는 것이 가능하다. 국가의 행복수준을 높이는 정책은 국민총생산 GNP을 늘리는 정책 못지않게 유익한 것이다."

또한 2012년에 유엔은 회원국의 만장일치로 국제 행복의 날을 제정하고 '행복의 추구는 인간의 권리이자 인류의 근본적인 목적'이라고 선언하는 결의안을 채택했다. 이 결의안은 회원국들에게 새로운 정책을 개발할 때 반드시 행복연구를 포함시킬 것과 나라마다 올바른 방향으로 나아가고 있는지 보여주는 행복지표를 사용할 것을 촉구했고, 경제지표만으로는 각국의 웰빙수준을 충분히 반영하지 못한다고 지적했다.

이 결의안은 세계가 정치적·학문적·사회적 관점에서 행복문제에 집중하는 변화의 시작을 알리는 신호탄이었다. 부탄에서 브리튼, 시애틀에서 홍콩에 이르기까지 학자들과 의사결정권자들은 전 세계 사람들의 삶의 질을 높이는 방법을 정립하기 위해 서로 협력하고 있다.

미국은 국립과학원 National Academy of Science에 관련 위원회를

설치하여 실제 정책수립과정에서 행복지표를 어떻게 사용할 것인지 검토하도록 했다.[3] 유럽 국가들 중에서 네덜란드, 독일, 프랑스[4]는 발전의 개념을 인식하는 대체방안으로 행복을 받아들이는 중이다. 아시아로 눈을 돌려보면 중국과 일본[5]은 현재 국민들의 행복수준을 측정하는 방법을 개발하고 있고, 태국은 '국내총행복GDH: Gross Domestic Happiness' 지수를 만들어서 월별로 국가의 집단 행복수준을 측정하고 있다.

세계 행복지표를 개관할 때 부탄을 언급하지 않으면 그 어떤 개요도 불완전한 자료가 되고 만다. 부탄은 인도와 중국 사이 히말라야 산맥 동부에 있는 작은 왕국이다. 인구도 약 70만 명에 불과한 소왕국 부탄이 정확히 어디에 위치하고 있으며, 어떠한 정체성을 가진 나라인지 제대로 아는 사람은 거의 없다. 그런데 행복의 관점에서는 이 작은 나라 부탄이 충분히 들여다볼 만한 가치가 있는 곳이다. 부탄 정부가 자국민들에게 최대의 행복을 마련해주려는 확고한 신념을 갖고 있기 때문이다. 대부분의 나라에서는 행복의 개념이 여전히 새로운 것일 수도 있지만 부탄은 이미 여러 해 동안 이 분야의 선구자였다.

부탄에서는 '행복'이라는 단어가 아예 헌법에 들어 있고, 행복지수가 국가발전도를 측정하는 공식적인 척도로 사용된다. 국가발전도를 측정할 때 전통적인 국민총생산GNP 지표 대신에 국민들의 행복을 오랜 시간 동안 추적 관찰해서 얻은 '국민총행복GNH: Gross National Happiness'이라는 지표를 사용한다. 이것은 자칫 경박한 개념처럼 들릴 수도 있지만, 부탄 정부는 꽤 진지하며 1970년대 이후 이런 방식으로 일해왔다.

'국민총행복'이라는 용어는 1972년에 부탄의 4대 용왕 지그메 싱예 왕추크Jigme Singye Wangchuck가 만든 조어이다.(부탄은 '천둥용의 나라Country of the Thunder Dragon'라는 뜻으로 국가수반을 용왕龍王이라 일컫는다._옮긴이) 그 당시 유럽과 미국의 금융기관들은 부탄을 '저개발국가'로 선언했다. 이처럼 부탄은 전통적인 개발수준조사에서는 가장 낮은 점수를 받은 나라였지만, 국제적인 행복조사에서는 1위를 차지해야 한다는 확고한 의지를 갖고 있었다. 그래서 왕추크 국왕은 한 나라의 발전수준을 측정하는 진정한 수단은 단순한 경제성장 지표가 아니라 행복이 되어야 한다고 선언했다.

부탄 정부는 급속한 경제성장보다 '국민의 행복'이 국정운영의 가장 중요한 목표가 되어야 한다는 신념에 따라 이른바 행

복정책 4대 목표를 설정했다. '환경보호, 문화 보존 및 진흥, 균형 있는 사회경제적 발전, 굿 거버넌스 good governance'가 그것이다. 이러한 4대 목표의 실천을 통해 부탄 국민들이 전통과 현대, 물질과 정신이 조화된 균형 있는 삶을 영위해갈 수 있도록 유도했다.

이후 부탄은 국민총행복과 관련된 정책 실천방법을 더욱 전면적이고 체계적인 방향으로 진일보시켰다. 2008년 부탄 역사상 첫 총선을 치른 직후 '국민총행복위원회 Commission for Gross National Happiness'를 설치했다. 오늘날 부탄에서 가장 큰 공공기관 중 하나인 국민총행복위원회는 물질적 가치와 정신적 가치가 조화된 '총체적이고 지속가능한' 세계관을 담아 행복모델을 개발했다. 이 모델은 국가의 행복수준을 높이기 위해 부탄이 중요하게 고려하는 9개 요소를 포함하고 있다. '정신적 행복, 건강, 교육, 문화의 보존, 가치 있는 시간 활용, 굿 거버넌스, 지역사회의 발전, 풍부한 생태적 다양성 biodiversity 및 회복력, 높은 생활수준'이 그것이다.

국민총행복위원회는 부탄의 모든 국가정책의 채택 여부를 결정하고 예산을 책정하는 막강한 권한을 지니고 있다. 각 부처가 입안한 정책의 채택 여부는 국민행복 증진에 얼마만큼 기여할 것인지가 가장 중요한 심사기준이 된다.

이때 평가의 실질적인 잣대가 되는 것이 대국민 설문조사를 통해 마련한 국민행복지수이다. 국민행복지수는 과거 4대 국정 목표를 9개 핵심 영역으로 확장시키고 이를 다시 세부항목으로 나누어 점수를 매기는 방식이다. 여기서 일정 기준에 못 미치는 점수를 받은 정책과 프로젝트 제안은 재검토되거나 전면 중단된다. 이는 정치적 결정이 경제적 기대감을 반영할 뿐만 아니라 지역사회의 발전, 공공 보건, 지역문화 보존 등에 미칠 영향을 반드시 감안해야 한다는 뜻이다.

구체적으로 말해보자. 부탄은 최근에 지방에 있는 산의 대리석 채취 계획을 취소했는데 '시각적 오염 visual contamination'에 대한 우려 때문이었다. 또 1970년대 이래로 삼림이 급격히 증가했고, 산악관광으로 벌어들일 수 있는 수입이 만만치 않은데도 개방의 유혹을 물리쳤다. 전 세계 수많은 산악인들이 '가보지 못한' 산의 정상을 밟아보고자 거액을 내놓을 준비가 되어 있었지만 부탄은 이 제안을 거절했고, 그에 더하여 지역문화를 보존하기 위해 방문 외국인들의 수를 제한했다. 부탄의 천연자원에 눈독을 들인 여러 다국적기업들도 같은 맥락의 이유에서 물러서야 했다.

이러한 정치적 결정은 국민총생산을 더 강조하는 다른 나라들에 비해 부탄의 경제성장을 둔화시켰다고 볼 수 있다. 그러나 행복과 관련하여 부탄 사람들이 취하는 조치들을 살펴보면 그들이 올바른 방향으로 나아가고 있음을 알 수 있다. 2015년 〈세계행복보고서〉에서 조사 대상국 158개국 중 부탄은 79위를 차지했다. 언뜻 보기엔 별 것 아닌 것 같지만, 국가의 발전수준을 고려해볼 때 부탄이 사회경제적 이득을 국민의 삶의 질 향상으로 전환하는 데 성공한 것으로 해석할 수 있는 지점이다.

행복의 개념이 국제적 어젠다에서 점점 우선순위를 차지하게 되면서 부탄이 국제적으로 주목받기 시작했다. 특히 위에서 언급한 〈세계행복보고서〉에서 부탄을 꼭 집어 칭찬한 이후로 그런 현상이 더욱 두드러졌다.

2012년의 유엔 '행복 결의안' 이전에도 부탄의 당시 총리 지그미 Y. 신리 Jigmi Y. Thinly 는 유엔의 공동목표 목록에 '행복'이라는 항목이 포함되어야 한다고 적극 권장했었다. 신리 총리는 행복이 좀 더 중립적인 목표이므로, 국민총행복 지수가 국민총생산 지수보다 더 신뢰할 수 있는 측정수단이라고 주장했다.

이제 우리는 우리의 공동체를 조직하고 발전시켜 더 나은 글로벌 지속가능성을 확보하고, 세계의 자원을 공정하게 재분

배할 새로운 방법을 찾아야 한다. 신리 총리가 2013년 코펜하겐 방문에서 지적한 내용에 주목할 필요가 있다.

"만약 우리가 인간으로서 지구에 남아 인간의 가치를 유지하고 싶다면, 세계 지도자들은 현재의 개발 패러다임이 옳은 것인지 재고해야 합니다."

- 케네디의 유산:
  ○ 삶의 질을 측정하라

국민총생산은 생산성과 경제실적을 측정하는 데는 적합하지만, 삶의 질을 측정하는 데에는 활용할 수 없는 개념이다. 1968년 로버트 케네디 Robert Kennedy는 캔자스 대학 연설에서 국민총생산의 한계를 이렇게 지적했다.

"우리는 그동안 물질적인 것들을 축적하는 데 매달려 너무 오래 또 너무 많이 개인의 우수성과 공동체의 가치를 접어둔 것 같습니다. 만일 국민총생산으로 미국을 재단해야 한다면, 국민총생산을 측정할 때 대기오염과 담배 광고, 고속도로 사고를 처리하는 앰뷸런스 숫자도 들어가야 합니다. 대문을 단단히 지켜줄 특수 자물쇠와 그것을 깨부순 사람들을 수감할 감옥도 염두에 둬야 하고, 삼나무의 파괴와 난개발에 의한 자연환경의 손실도 계산해야 하지요. 네이팜탄을 세고, 핵탄두와 거리에서 시위를 진압하는 경찰 장갑차도 세야 합니다.

그러나 국민총생산은 우리 아이들의 건강, 아이들이 받는 교육의 질, 아이들이 느낄 놀이의 즐거움 등은 계산에 넣지 않습니다. 시詩의 아름다움, 결혼의 힘, 공공적 논의의 공정함, 공무원들의 성실성 등은 염두에 두지 않습니다. 우리의 기지와 용기, 지혜와 학식, 동정심과 애국심은 측정하지 않습니다. 다시 말해 국민총생산은 우리의 삶을 가치 있게 만드는 것들은 제외한 나머지 것들만 세고 있습니다."[6]

로버트 케네디는 대통령 선거에서 민주당 후보로 나섰다가 암살되었다. 그러나 그가 캔자스 대학에서 연설한 지 40년이 흘러간 오늘날까지도 케네디의 연설은 전 세계 지도자들에게 영감을 주고 있다.

"우리는 이제 국가의 발전을 측정할 때 경제실적만이 아니라 우리 삶이 얼마나 나아졌는지를 측정하겠습니다. 다시 말해 생활수준만이 아니라 삶의 질을 측정해나갈 것입니다."[7]

데이비드 캐머런 David Cameron 전 영국 총리가 영국 내 전국적인 행복조사에 착수하면서 한 말이다. 이 조사의 목적은 영국 국민들의 웰빙수준과 관련 요인들을 정부에 알리려는 것이었다.

2012년에 영국통계청에서 발표한 영국 최초의 〈국민웰빙보고서 National Well-being Report〉는 영국 국민 16만 5,000명의 인터뷰 자료를 바탕으로 작성되었다.[8] 영국은 계속 국민총생산을 가지고 경제성장을 측정하려 했다. 그러나 국민총생산 지수는 성장이 발생하는 과정이나 그 성장을 통해 얻게 될 국가적 혜택 등은 보여주지 않기 때문에 데이비드 캐머런은 인구 연구를 확대하여 행복조사도 포함시켰다. 영국이 좀 더 나은 방향으로 나아가고 있는지 확인하고자 했던 것이다.

행복은 법제화하거나 규정하기에는 부적절한 개념이다. 하지만 캐머런 총리는 재임 중에 정치가 국민들의 행복을 규정하는 틀에 영향을 미칠 수 있다고 생각했다. 2010년에 행한 연설에서 캐머런은 이렇게 말했다.[9]

"첫째, 진정으로 중요한 것이 무엇인지에 대하여 국민적 토론을 개시하겠습니다. 정부 부처에서뿐만 아니라 우리 삶에 영향을 미치는 사람들, 즉 언론계, 기업계, 우리가 사용하는 제품을 개발하고, 우리가 사는 도시를 짓고, 우리가 즐기는 문화를 창조하는 사람들 사이에서도 활발한 토론을 벌일 것입니다.

둘째, 이 정보는 정부가 국민의 복지를 증진시킬 최선의 방법을 개발하는 데 객관적 근거가 되어줄 것입니다."

1장에서 이미 말했듯이, 영국의 정치인들은 '행복'이라는 단어를 사용하는 데 별 부담을 느끼지 않는다. 왜냐하면 영어 단어 'happiness'는 덴마크어 같은 다른 언어권에서 그 단어에 포함된 중층적 의미를 담고 있지 않기 때문이다. 게다가 영국은 공리주의 덕분에 덴마크보다 정치적으로 훨씬 진보적일 수 있다. 공리주의는 대단히 영국적인 철학으로, 행복이나 웰빙의 개념을 노골적인 수치로 측정할 수 있다고 본다.

- 측정하는 것이 무엇이냐에 따라
- 삶이 달라진다

데이비드 캐머런 등 세계적 지도자들이 행복수준 측정에 관심을 보이는 것은, 한 사회가 선택한 노선이 적합한지 측정하는 수단으로 국민총생산이 유일한 것은 아니라는 최근의 비판에서 비롯된 것이다.

국민총생산 비판의 중요한 출처는 스티글리츠 위원회 Stiglitz Commission 이다. 전 세계의 영향력 있는 경제학자들로 구성된 이 위원회는 2008년 초 니콜라 사르코지 Nicolas Sarkozy 전 프랑스 대통령이 "세상과 사회와 경제는 변화하는데, 그것에 대한 측정 방식은 그 변화 속도를 따라가지 못한다."는 문제의식을 갖고 출범시켰다. 컬럼비아 대학 경제학과 교수인 조지프 스티글리츠 Joseph Stiglitz 가 위원회를 이끌고 있는데, 그는 2001년에 노벨 경제학상을 받았고 클린턴 행정부의 재정 자문위원을 지낸 바 있다.

세계적 석학이 모인 이 국제단체는 한마디로 '경제실적과 사회진보의 측정을 위한 위원회'로서 국가의 부와 발전을 측정하는 방식을 엄밀하게 검토하도록 위임받았다. 이 위원회는 출범 이후 18개월의 집단적 논의를 거쳐 2009년에 보고서를 발표했다. 지금이야말로 국민총생산을 버리고 대신 행복과 지속 가능성에 초점을 맞출 적기라고 결론 내린 보고서였다.

스타글리츠 위원회에서 발표한 그 보고서는 우리가 측정하는 것에 따라 우리의 행동이 영향을 받는다는 사실을 강조했다. 날마다 체중을 재다 보면 먹는 음식과 운동 방식에 대해 아무래도 더 신경을 쓰게 되고, 만보기를 차고 다니면 평소보다 더 먼 거리를 걷게 된다. 다시 말해 우리가 측정하는 것이 무엇이냐에 따라 우리 삶이 영향을 받는 부분도 달라진다는 것이다. 그러니 우리는 삶의 질, 웰빙, 행복의 수준 같은 정말 중요한 것들을 측정해야 하는 것이다.

그런데 스티글리츠 교수는 국민총생산이든 국민총행복이든 상관없이 단 하나의 수치가 한 국가의 상황을 요약할 수 있다고 생각하는 것은 순진한 발상이라고 지적한다. 그러니 여러 다양한 관점에서 사회의 수준과 경향을 보여주는 지표들을 담은 '계기판dashboard'을 구성하라고 권고한다.

〈스티글리츠 보고서〉는 한 나라의 성공을 평가할 때 단순한 국민총생산 수치보다 더 다양하고 균형 잡힌 측정 방식을 채택해야 한다고 제기했다. OECD가 2011년부터 매년 발표하는 '더 나은 삶의 지수BLI: Better Life Index'는 스티글리츠 위원회의 영향을 받아 시작된 지표이다.

이것은 단지 경제적 기준이 아닌 그 외의 다른 기준들에 주목하며 11개 영역, 24개의 지표로 구성돼 있다. 11개 영역은 '주거, 소득, 직업, 공동체, 교육, 환경, 시민 참여, 건강, 안전, 일과 삶의 균형, 삶에 대한 만족'이다. 국민총생산 지수가 아니라 이러한 영역들이 개선돼야 국민들의 삶의 질이 개선된다고 본 것이다. 이런 기준들은 중요하고 타당하다고 생각되어 선정되었으며, 그 종합된 기준들을 통해 사회학자들은 국민들의 삶의 질에 대한 다양한 측면을 살펴볼 수 있게 되었다.

OECD 사무총장 앙헬 구리아 Angel Guria에 따르면, 웰빙, 삶의 질, 평등과 지속가능성 등 삶의 여러 측면을 감안하는 지표들이 필요하다는 국제적 인식이 점점 커지고 있다. 또한 국민의 삶의 질을 높이는 것이 정치의 궁극적인 목표가 되어야 한다는 인식도 널리 확산되고 있다.

2011년 아랍 세계에 획기적인 사건이 발생했다. 튀니지의 '재스민 혁명'은 23년간 집권해온 대통령을 몰락시키고 '아랍의 봄'을 예고했다. 튀니지에서 시작된 항의와 시위는 이집트, 리비아, 바레인, 요르단, 시리아까지 번져나갔다.

그런데 이러한 사건들을 초래한 몇 년간의 주요 경제지표들을 살펴보면 그 지역에서 앞으로 무슨 일이 벌어질지에 대해 아무것도 드러내지 못했다는 것을 알 수 있다. 이집트에서는 2005~2010년 사이에 국민총생산 지수가 33퍼센트나 증가했고, 튀니지도 같은 기간에 경제실적이 높게 나타났으니 국민들의 만족도도 높아야 자연스럽다.

그러나 이집트와 튀니지 국민들의 복지는 아랍의 봄에 이르는 몇 년 동안에 급격히 하락했다. 이 시기에 두 나라에서 모두 스스로 삶에 만족한다고 여기는 사람들의 숫자는 약 50퍼센트나 감소했다. 더 많은 돈을 벌었지만 사람들의 불만은 점점 커졌던 것이다.

최근 몇 년간 행복지수에 대한 정치권의 관심이 증가하고 있는 것도 부분적으로는 이런 이유 때문이다. 사회적 안정과 발전 같은 특정 기준에서 볼 때, 재정적 지수보다 행복지수를 사용하는 것이 더 나은 지표가 된다. 하지만 행복지수는 오용되기 쉽다.

정부가 조사결과에 대한 잘못된 정보를 퍼트림으로써 그 지표를 임의로 훼손할 수도 있고, 설문지를 조작하여 오도된 결과를 만들어낼 수도 있다. 긍정적인 답변을 이끌어낼 것이 확실한 질문을 먼저 해놓고 이어서 개인의 삶의 질에 관해 질문하는 방식으로 국민들의 피드백을 조작할 수도 있다. 이러한 순서로 질문을 배치하면 대부분의 응답자들이 상대적으로 만족도가 더 높은 상태에서 답하기 때문에 이어지는 질문에도 긍정적 반응을 보일 확률이 높아지게 되는 것이다. 그런가 하면 어떤 응답자들은 더 많은 관심을 받으려고 자신의 불만 수준을 과장하는 식으로 전략적인 대답을 할 수도 있다.

그러나 국민의 행복에 집중하면 반드시 사회경제적 이득을 얻을 수 있다고 증명해준 연구들이 있었기에 정치계에서 행복지수에 대해 관심을 갖게 된 것은 분명하다.

- 행복한 사람들이 가져오는
- 사회적 이익

행복학은 계속 성장하고 있는 학문 분야이다. 학자들은 처음에는 단지 왜 어떤 사람들은 다른 사람들보다 더 행복한지 그 이유를 알고자 했는데, 최근에 들어와서는 행복한 상태가 가져오는 결과에 더 관심을 보인다.

오늘날 우리는 행복이 건강에 영향을 미친다는 것을 알고 있다. 각종 연구결과를 통해 행복하기 때문에 건강한 사람이 계속 건강하게 지내게 된다는 것을 알게 되었다. 결과적으로 사회의 의료비용도 줄어드는 것인데 이것은 신체적 건강뿐만 아니라 정신적 건강에도 다 해당하는 얘기이다. 이 주제에 관해서는 4장에서 더 자세히 살펴볼 것이다.

덴마크 국립보건원에 따르면, 덴마크 국민 중 약 5퍼센트가 우울증을 앓고 있고, 7퍼센트 가량은 불안과 유사한 정신적 장애로 고통받고 있다. 2013년의 〈세계행복보고서〉에 따르면, 전 세계적으로 약 4억 명이 우울증을 앓고 있고, 약 3억 명이 불안 증세에 시달리고 있다. 이것은 각각 전 세계 인구의 7퍼센트와 4퍼센트에 해당한다.

이런 장애는 환자뿐만 아니라 가족들에게도 영향을 미치며, 정신건강 문제는 국가의료예산의 상당 부분을 차지한다. 덴마크에서는 정신질환이 장기 병가病暇 건수의 약 50퍼센트를 차지한다. 또한 조기 퇴직을 하는 이유 중 48퍼센트가 정신질환 때문인데, 30세 미만 청년들이 조기 퇴직하는 경우에는 거의 80퍼센트가 정신질환 때문이다.[10]

그런데 이 분야에서 약간의 노력만 기울여도 순이익이 발생할 수 있음을 보여준 연구가 영국에서 있었다. 정신과 치료 분야에서 정신과 환자 100명 중 4명을 사회로 돌려보내 2년간 일할 수 있게 한다면, 그 기간 동안 그들이 사회복지연금을 받는 대신, 나머지 96명의 환자들이 치료비를 보조받을 수 있다고 한다.[11]

앞으로 몇 년 동안 행복연구는 사람들의 정신건강을 향상시키고 질병에 대한 면역력을 강화시킬 방법을 밝혀내는 데 도움이 될 것이다. 정치인들이 행복 개념을 적극적으로 수용하는 것은 전 세계 보건문제를 해결하는 데 중요한 걸음을 내딛는 게 될 것이다.

정신건강 문제는 이미 공공보건 문제에서 중요한 부분을 차지한다. 2014년에 덴마크 정부는 공공보건의 수준을 높이기 위한 7가지 국가적 목표를 명시한 계획을 세웠는데, 이 목표 중 두 가지가 정신건강과 관련된 것이다. 정신건강 논의는 이제 정신병을 치료하는 것에만 국한되지 않고, 생활의 활력과 사회복지 같은 문제에 점점 더 집중하고 있다.

세계보건기구WHO: World Health Organization에 따르면, 정신건강은 모든 개인이 자신의 잠재력을 깨닫고, 생활 속의 정상적인 스트레스에 대처할 수 있으며, 생산적이고 보람 있는 일을 할 수 있고, 자신이 속한 공동체에 기여할 수 있는 행복한 상태로 정의된다.

공동체에 기여하는 한 가지 방식은 자원봉사를 하는 것이다. 6장에서 다루겠지만, 행복한 사람들은 다른 사람들을 잘 돕는 경향이 있고, 자원봉사에도 적극 참여한다.[12] 미래의 행복에 좀 더 집중한다면 자원봉사 부문을 성장시켜 궁극적으로 사회 공동의 문제 해결에 나설 수 있다.

자원봉사는 한동안 정치적으로 중요한 핵심 사항이었으므로, 정부가 이 자원봉사 노동력을 어떻게 잘 활용할 것인지를 심사숙고하는 것은 당연하다. 덴마크의 자원봉사활동은 가격으로 따지면 무려 180억 유로에 달하고, 국민총생산의 10퍼센트를 차지한다.

건강한 국민들이 무료로 일해주는 것은 정부가 간절히 바라는 바이다. 이것을 계기로 민간 부문도 직원들을 행복하게 해주면 상당한 혜택이 따라온다는 사실에 눈을 뜨게 되었다.

- 기업이 직원의
- 행복에 주목하는 이유

지난 25년간 체계적인 행복연구가 늘어나면서 행복의 개념에 대한 우리의 이해기반도 넓어졌다. 1990년에는 '주관적 웰빙'이라는 용어를 사용한 기사가 400건이었는데 2012년에는 1만 건으로 늘어 2,500퍼센트나 증가했다.[13] 행복이 증가될 때 얻게 될 이익에 대한 지식도 함께 늘었다. 경영대학들에서 이 주제에 대하여 많은 관심을 보인 결과였다.

"엑셀 시트, SWOT 분석, 리스크 관리 등은 잊어버리세요. 경영대학에서 가장 뜨거운 주제는 행복입니다."

2013년에 《파이낸셜 타임스 Financial Times》[14]가 보도한 내용이다. 최근에 《이코노미스트 The Economist》[15]나 《하버드 비즈니스 리뷰 Harvard Business Review》[16] 같은 영향력 높은 여러 잡지들은 행복이 기업 예산 책정에 미치는 긍정적 영향에 대한 기사를 실었다.

경영대학들과 기업 같은 민간 부문이 행복이라는 주제에 관심을 갖게 된 것은 행복연구가 다음과 같은 사실을 증명했기 때문이다.[17] 행복한 직원들은 그렇지 못한 직원들에 비해 더 생산적이고, 근속 기간도 더 긴 경향이 있다. 실제로 행복한 직원들의 근속 기간은 평균보다 두 배나 더 길었다.[18] 또한 행복한 근로자들은 더 건강한 편이어서 결과적으로 병가 수치를 낮춘다. 게다가 행복한 직원들은 협조를 더 잘 하고 작업의 질도 더 높다. 이러한 요인들이 결합되면 업무공간, 회사의 경쟁력, 나아가 회사의 실적에 긍정적인 영향을 미치는 것이다.

직원의 행복을 증진시키려고 적극적으로 나서는 회사들이 점점 더 많아지고 있다. 2007년에 구글은 '최고행복책임자'를 고용했다.[19] 현재 그 직책을 맡고 있는 체이드 멩 탄 Chade-Meng

Tan의 공식 호칭은 '아주 유쾌한 친구 Jolly Good Fellow'인데, 다들 고개를 끄덕일 정도다. 구글의 모바일검색 개발팀을 이끌던 그에게 이런 엉뚱한 직책을 주는 모습에서 구글의 독특한 기업문화를 엿볼 수 있다. 탄이 제안한 것 중 '당신의 내면을 알아차려라!'라는 연수과정이 있는데, 구글 직원들의 감성지능을 높이기 위해 명상과 마음 다스리기를 가르치는 과정이다. 탄에 따르면, 이 과정은 회사의 생산성을 높여주었다.

행복한 직원들은 지금보다 더 높은 소득과 더 성공적인 커리어를 기대할 수 있다. 평균적으로 행복한 사람들이 협상가나 관리자로서 훨씬 더 자신감이 넘치고 더 높은 수준의 성공을 체험한다. 하버드 경영대학원의 학자들은 직원들이 행복감을 느끼는 날에 더 창의적으로 근무한다는 것을 보여주었다.[20]

- 무엇이 그들을
- 행복한 도시로 만드는가?

앞에서 언급했듯이, 사회는 행복한 사람들이 많아야 이익을 얻는다. 이 때문에 전 세계의 많은 도시들이 시민들의 행복을 탐구하고 증진시키는 일들을 주도해왔다.

홍콩은 2005년부터 시민의 행복지수를 측정해왔다. 이 조사의 일환으로 시 당국은 교사와 건설업자로 구성된 두 그룹 중에서 어느 그룹이 더 행복한지 조사했고, 교사들이 더 행복하다는 결과가 나왔다. 또 지난 10년간 행복지수의 상승에 대해 조사한 결과, 특히 홍콩의 여성들이 더 만족감을 느끼는 것으로 판명되었다.

이처럼 홍콩의 행복지수는 주로 시간이 경과하면서 행복의 추이가 어떻게 달라지는지에 집중한 반면, 영국 브리스톨의 '행복 도시 이니셔티브'는 시민들의 행복을 증진시키는 게 목적이었다. 이 사업의 주된 목표는 시민들에게 더 행복해지는 방법을 가르치는 것이다. '연결하다, 배우다, 행동하다, 주목하다, 주다' 등이 브리스톨 이니셔티브의 핵심 용어이다.

이 캠페인은 도시에 거주하는 시민들에게 신체적으로 활동적인 상태를 유지하고, 자연 속에서 시간을 보내고, 세상에 대하여 호기심을 갖고, 새로운 것을 적극적으로 배우기를 촉구한다. 또한 그들을 행복하게 만드는 게 무엇인지 곰곰 생각해보고 긍정적인 경험을 기록하라고 장려한다. 브리스톨 시민들은 남을 돕고 서로 관대해지도록 만드는 분위기에 젖어 있다. 이

타적인 행동을 보여준 시민들에게는 해마다 '행복한 도시 포인트'를 상으로 수여하기도 한다.

보스턴 교외에 있는 소머빌 시는 적극적으로 행복 정책을 추진한 미국의 첫 번째 도시들 중 하나로 꼽힌다. 소머빌 시청은 주민들의 행복수준을 조사한 후 그 결과를 범죄율, 대중교통 접근 편리성, 오락시설 및 여가활동 공간과의 인접성 같은 요인들과 교차 참조했다. 그렇게 해서 얻은 놀라운 결론은 미적으로 쾌적한 도시환경과 행복 사이에 상관관계가 있다는 것이었다.

덴마크의 행복연구소는 최근에 인구가 약 1만 4,000명쯤 되는 소도시 드라괴르의 주민 500명을 대상으로 행복수준을 조사했다. 조사결과는 드라괴르 주민의 삶의 질을 향상시키는 데 활용될 예정이었고, 다른 덴마크 도시들의 생활 향상을 꾀하는 데도 중요한 사례가 될 터였다.

조사결과 아니 '행복 예산'의 결과는 주민들 사이에도 행복에 대한 관점이 상이하다는 것을 알게 해주었다. 이 조사를 통해 우리는 지방자치단체인 소도시에서 사람들이 더 큰 행복과 만족을 얻는 원인이 무엇인지 체크하는 것은 물론이고 그것을 가로막는 장애물이 무엇인지도 파악하고자 했다.

드라괴르의 복지를 가로막는 가장 큰 장애물은 외로움이었던 것으로 밝혀졌다. 시 당국과 주민들의 협조를 얻어서 행복연구소는 외로움을 없애고 주민들의 삶의 질을 높일 수 있는 일련의 계획들을 개발했다. 이렇게 했더니 현지 주민센터의 시니어 회원 숫자가 33퍼센트나 증가했다. 우리는 드라괴르의 행복과 외로움의 수준을 더 심도 있게 조사해보고자 한다.

이 사례에서 볼 수 있듯이 소도시와 지방자치단체는 해당 지역의 복지수준을 높일 수 있는 충분한 기회가 있다. 왜 덴마크는 정기적으로 세계 행복차트에서 1위를 차지하는가? 더 중요한 질문으로, 행복 순위가 높다는 것에서 어떤 혜택을 얻을 수 있는가? 덴마크 사람들이 지금보다 더 행복해지는 것이 가능한가? 성장과 생산성의 증가, 국제적인 재능의 개발 등 다른 야심찬 목표를 달성하려면 행복을 어떤 방식으로 활용할 수 있는가?

덴마크 사람들을 보면 외국인들은 자주 이런 반응을 보인다. "아, 덴마크. 이 세상에서 가장 행복한 나라지요."

실제로 덴마크는 진정한 행복을 추구하는 사람들 사이에서 최고의 브랜드로 자리매김하고 있다. 행복에 대한 관심이 커지고, 세계 행복차트에서 덴마크의 위치가 높아짐에 따라 덴마크는 물론 덴마크 기업들에게도 독특한 기회가 주어지고 있다. 간단히 말해서, 덴마크는 국제적인 어젠다에 영향을 미칠 수 있고, 다른 나라들이 덴마크의 사회모델을 모방하도록 고무시킬 수 있는 이 황금 같은 기회를 잡아야 한다.

덴마크가 왜 세계 행복차트에서 언제나 1위를 차지하는지 알고자 매해 수십 명의 언론인이 덴마크를 방문한다. 근년에는 미국, 프랑스, 멕시코, 이탈리아, 스페인, 캐나다, 포르투갈, 리투아니아, 폴란드, 독일, 중국, 대한민국 등 전 세계 여러 나라에서 온 언론인들과 덴마크의 사회모델에 대해 집중적으로 깊이있게 논의해왔다.

전 세계적으로 행복에 대한 관심이 점점 더 높아지면서 덴마크는 앞으로 더 많은 주목을 받게 되어 있다. 2013년에 코펜하겐에서 부탄의 신리 전 총리를 만났을 때 그가 이런 말을 들려주었다.

"당신의 나라 덴마크는 우리 부탄이 목표로 하는 바로 그것을 성취했습니다."

덴마크가 모범사회의 보편적 청사진을 개발하는 데 앞장 설 준비가 되어 있다면, 행복과 삶의 질은 곧 덴마크의 가장 중요한 브랜드이자 가장 규모가 큰 수출품이 될 것이다.

- 모든 사람이 행복한
◦ 멋진 신세계?

"세상은 이제 안정되었습니다. 사람들은 모두 행복하답니다. 그들은 원하는 것을 얻고, 얻을 수 없는 것은 원하지 않아요. 모든 것이 풍족하고, 안전하며, 아프지도 않고, 죽음을 두려워하지도 않아요. 거의 축복이다 싶을 정도로 열정이나 노년에 대해서 아주 무지하지요. 어머니와 아버지 때문에 시달림을 받는 일도 없습니다. …… 만약 뭔가 일이 잘못되면 그들에게는 소마가 있지요."[21]

이것은 1932년에 발간된 올더스 헉슬리 Aldous Huxley 의 《멋진 신세계 Brave New World》에 있는 글이다. 이 소설은 모든 사람이 행복한 사회에 대한 이야기를 들려준다. 사람들은 특정 사회계급에 알맞게 설계된 채 실험실에서 태어나고, 자신의 사회적 지위나 전반적인 사회구조에 대하여 절대 의문을 갖지 않도록 미리 조건화되어 있다. 미리 계획된 삶을 살기에 그들은 의심 없이 기쁘다. 정서적으로는 영화를 보며 자극을 받고, 너무 많은 정보와 쾌락이 제공되어 별달리 욕망하지도 않는다. 슬픔, 두려움은 물론 또 다른 부정적 감정들을 제거해주는 마약도 있다. '소마Soma'라는 알약이다. 사랑, 가정생활, 창의성, 독립성 등은 애초에 거세되었고, 효율적이며 예측가능한 복지기계가 모든 사람에게 보편적 행복을 끊임없이 제공한다.

우리는 대부분 행복을 얻으려고 노력하지만, 헉슬리가 상상해낸 세계는 너무 디스토피아적이다. 아무도 이런 행복을 원하지는 않는다. 화학약품으로 유도되는 행복과 국가가 주무르는 사상경찰이 결합된 사회의 모습은 진정한 행복을 가져다주는 처방전이 되지 못한다. 그런데 우리는 행복을 얻기 위하여 어느 정도까지 모험을 걸 준비가 되어 있는가? 도대체 우리는 누구의 행복에 대하여 말하고 있는 것인가?

정치인들과 의사결정권자들은 시민이 행복하기를 바란다. 사회가 올바른 방향으로 나아가고 있는지를 측정하기 위해서라면 행복지수는 전통적인 경제측정시스템을 지원하는 데 사용될 수도 있다. 그러나 인간을 행복하게 만드는 것에 대한 근거 없는 가정에 기대 중요한 결정을 내리는 것은 잘못되었을 뿐만 아니라 위험하기까지 하다. 궁극적으로 그런 근거 없는 가정은 소수 세력을 억압하고, 그냥 놔두었더라면 안정되었을 사회의 결집력을 저해할 수도 있다.

우리 사회의 미래에 대한 결정을 내릴 때 행복지수와 행복연구는 수많은 다른 항해 도구들과 함께 쓰여야 한다. OECD는 이 사안에 대해 2013년에 발간된 보고서 〈주관적 웰빙 측정 지침 Guidelines on Measuring Subjective Well-being〉에서 이렇게 말했다.

"주관적 웰빙 데이터는 국가적 성과를 모니터링하고 벤치마킹할 때나 국민의 선택을 이끌 때, 정책을 설계하고 실천할 때 이미 사용하고 있는 다른 지표들의 중요한 보충자료가 될 수 있다."

행복연구는 사람들이 자신의 삶을 개선하는 방식에 대해 이해하도록 해주고, 우리 사회를 최적화하는 데도 도움을 준다. 그러나 행복수준을 높이는 데 집중하려면 행복을 '측정하는 방법'에 대해 이해할 필요가 있다. 이것이 3장의 주제이니 자세히 살펴보도록 하자.

3장

보이지 않는 행복을
어떻게 측정할 수 있을까?

lykken under lup

○ 행복은 스트레스나 우울증같이 개인의 심리적 상태에 대한 주관적 묘사이다.

○ 행복은 인지평가적인 지각, 감정 혹은 만족도로 평가할 수 있다.

○ 행복을 측정하는 것은 잠재적인 위험을 내포한다. 어떤 사건을 두고서 사람들이 동일한 방식으로 경험하거나 기억

하지 않기 때문이다. 실험참가자들은 원인과 결과를 혼동할 수 있다.

- 행복의 크기는
  ○ 주관적이다

당신은 어느 정도로 행복한가? 0에서 10까지의 척도로 말해보라. 10은 완전한 행복을 의미하고 0은 슬픔을 의미한다. 경제학자, 심리학자, 통계학자, 사회학자 및 기타 학자들은 사람들이 직접적인 질문을 받으면 그들의 행복수준을 0~10의 척도로 정확하게 말할 수 있다는 전제하에 작업을 한다.

하지만 행복은 주관적인 정서 아닌가? 당연하다! 사람의 느낌과 정서가 주관적인 것은 분명한 사실이다. 자연과학만이 현상을 객관적으로 측정할 수 있다. 빛의 속도를 측정해보면 진공상태에서 초당 2억 9,979만 2,458미터의 속도로 움직인다. 우라늄 238의 반감기는 4,468×109년이고, 덴마크의 연평균 강우량은 712밀리미터이다.

우리는 객관성을 선호하기 때문에 사람들의 수입을 그의 삶의 질이나 행복수준의 대체지표로 삼곤 한다. 물론 어떤 사람은 돈이 부족하면 불행해진다. 어떤 나라에서는 돈이 더 나은 삶을 꾸리는 데 필요한 여윳돈을 의미하기도 하지만 때로는 기본적인 생존을 위한 필수조건이 되기도 한다. 소득과 행복의 관계는 5장에서 자세히 살펴볼 것이다.

위에서 지적한 바와 같이, 국민총생산은 사회가 돌아가는 방식을 설명해줄 완벽한 지표가 되지 못한다. 마찬가지로 개인의 소득수준이 그 사람의 삶의 질이나 행복수준과 정확하게 일치하지는 않는다. 다른 많은 요인들이 거기에 가세하는 것이다. 우리는 누군가의 안부가 궁금할 때 어떻게 지내냐고 묻지 최근 수입이 얼마냐고 묻지 않는다.

행복은 객관적으로 측정될 수 없는 것이다. 그러니 행복을 측정할 때는 누구나 자신의 행불행에 대해서는 남들보다 자신이 훨씬 더 잘 안다는 사실에서 출발해야 한다. 본인 이외에는 자신의 삶이 좋은지 어떤지 말할 수 없는 것이다.

행복을 측정할 때 자신의 삶에 대한 응답자의 평가에서 시작한다는 것은 삶의 질을 측정하기 위해 전통적으로 사용되던 포괄적 지표들을 무시한다는 뜻이기도 하다. 그런 지표들은 보통 교육수준, 생활여건, 재정 상태, 건강 및 환경 등을 감안한 것들이다. 이 기준들을 따르면, 행복하기 위해서는 최소한 3년간 고등교육을 받고, 적어도 30평은 넘는 집에서 살아야 한단 말인가?

이러한 지표들은 물론 유용하고 종종 응답자의 생활에 대하여 흥미로운 측면을 드러낼 수는 있다. 하지만 최종 결과는 전문가가 이런 기준들을 어떻게 상호 조정하는가에 달려 있다. 어떤 사람의 소득수준이 그 사람의 건강 상태만큼이나 중요한가? 우리는 그에 대한 결정을 소수의 전문가들에게 맡기거나 아니면 개별 응답자로 하여금 자신의 행복수준에 대하여 종합적이고 주관적인 평가를 내리도록 할 수 있다.

그러나 이미 '주관적 웰빙'이라는 용어를 사용함으로써, 측정 대상이 되는 것은 당사자가 자신의 삶에 대하여 갖고 있는 개인적 인식이라는 게 분명해졌다. 우리는 스트레스, 불안, 우울증 같은 심리현상을 다룰 때에도 그런 주관성의 문제에 봉착한다. 이 지점에서는 의사들도 아주 주관적인 출발점에서 시작할 수밖에 없다. 우울증, 불안, 스트레스, 행복은 객관적으로 측정할 수 있는 것도 아니고, 정확하게 측정할 수도 없기 때문이다. 그렇다고 해서 학자들이 정신질환의 원인을 찾는 작업을 멈추게 할 수 있는 것은 아니다.

주관적 측정 방식의 안정성과 유용성은 자주 의심을 받는다. 이 광범위한 회의론 때문에 주관적 설문조사는 검토를 거듭하며 타당성 검사도 거친다. 이런 검토 덕분에 학자들은 그런 분석방식의 장점을 깨닫기도 하고, 방법론과 테스트 형식에 내재된 취약점을 보완하기도 한다.

이것이 바로 OECD가 오늘날 주관적 웰빙에 대한 조사를 받아들이게 된 이유이다. OECD는 〈주관적 웰빙 측정 지침〉에서 이렇게 말했다.

"지난 20년간 점점 늘어난 증거들이 주관적 웰빙은 조사를 통해 측정될 수 있고, 그런 측정은 타당하고 믿을 만하며, 그런 조사연구는 정책수립에 도움을 줄 수 있다는 것을 보여줬다."

유엔의 1차 〈세계행복보고서〉는 이렇게 강조했다.

"주로 심리학 분야에서 수십 년간 주관적 웰빙에 대한 여러 가지 측정들의 의미, 신빙성, 타당성 등을 깊이 파고들었다. 이런 연구결과는 주관적 웰빙 자료를 폭넓게 수집하여 풍부하게 활용할 수 있도록 만들어주었다."

OECD는 주관적 측정의 방법과 결과 둘 다에 대하여 테스트를 마친 후에 그런 결론을 내렸다. 그중 한 테스트는 주관적 웰빙에 대한 조사연구가 행복에 부정적 영향을 끼치는 요인들도 감안했는지 여부를 검사했다.

예를 들어 보자. 건강한 사람들이 병든 사람들보다 더 행복하다고 가정하자. 모든 조사연구는 이것이 사실임을 보여주었다. 실업과 이혼이 행복에 나쁜 영향을 미치는 요인이라고 가정하자. 이것 또한 증거에 의해 뒷받침되었다. 마지막으로 전쟁, 혼란, 불안정이 사회에 부정적인 영향을 미친다고 가정하자. 조사연구는 이것 역시 사실임을 보여주었다.

학자들은 개인이 자기의 행복을 지각하는 방식과 남들이 그 개인의 행복을 지각하는 방식을 서로 비교했다. 앞에서와 마찬가지로 그 둘 사이에도 상관관계가 있었다. 스스로 자신을 행복하다고 생각하는 사람은 보통 친구들과 가족들이 보기에도 행복한 사람이라고 여겨졌다. 또 사람들이 미소 짓는 빈도를 몰래 관찰한 다음 그들이 스스로 생각하는 행복수준을 물어보았을 때 둘 사이에도 상관관계가 있었다.

오늘날에는 웰빙을 객관적으로 측정하는 것이 실제로 가능해졌다. 현대의 두뇌스캐닝 기술은, 사람들에게 행복수준을 물어보았을 때 행복이 깃드는 두뇌 부분이 활성화되는 것을 보여준다.

요약하면, 자신이 행복하다고 말하는 사람들이 더 자주 미소 짓고, 주변 사람들에게도 행복한 사람이라고 여겨지며, 두뇌의 '행복' 담당 부분을 더 많이 활성화시킨다. 그러나 그들의 삶을 둘러싸고 있는 전반적인 조건들도 최종 결과에 영향을 미친다.

1970년대 이래 학자들은 행복과 웰빙에 관하여 수많은 조사연구를 실시해왔고, 그 덕에 상당히 많은 세트의 분석 가능한 자료들이 축적되었다. 오늘날 이런 자료들은 〈세계가치조사 World Value Survey〉, 〈유럽사회조사 European Social Survey〉, 〈갤럽세계여론조사 Gallup World Poll〉, 〈유럽 삶의 질 조사 European Quality of Life Survey〉, 〈미국일반사회조사 American General Social Survey〉, 〈유로바로미터 Eurobarometer〉를 비롯해 기타 수많은 국립통계기관 등에서 활용하고 있다.

모든 설문조사는 응답자들에게 그들 자신의 삶을 평가하도록 한다. 이런 아주 단순한 접근방식은 복잡성과 함정의 지뢰밭이 될 수도 있다. 1장에서 언급한 바와 같이, 행복은 다차원적인 개념이다. 게다가 동일한 사건도 사람이 다르면 다르게 인식되고 기억될 수 있다. 그리고 어떤 것이 원인이고 어떤 것이 결과인지 정해야 하는 부수적인 문제도 있다.

이 세 가지 요인이 '당신은 얼마나 행복한가?'라는 질문에 어떤 영향을 미치는지 살펴보기로 하자.

- 행복을 측정하는
- 세 가지 방식

우선 살펴봐야 할 문제는 행복의 다차원적 양상이다. 가능한 한 완벽한 그림을 만들어내고자 전문적인 데이터 수집가들은 행복의 인지평가적·정서적·유다이모니아적 차원을 모두 측정한다.

첫 번째 행복의 인지평가적 차원을 측정하는 작업은 다음과 같은 질문 형태를 취한다.

"당신의 삶에 얼마나 만족합니까?"

"당신은 전반적으로 어느 정도 행복합니까?"

이런 질문을 던지면 응답자들은 한 걸음 물러서서 자신의 인생을 돌아보며 자신의 삶에 대하여 전반적이고 의식적인 평가를 하게 된다.

덴마크는 이런 전반적인 질문에서 높은 점수를 얻었기 때문에 세계 행복차트에서 1위를 차지했다. 설문조사는 깊은 슬픔에서 완벽한 즐거움에 이르기까지 척도를 정하여 응답자들에게 개인적 행복의 수준을 말해달라고 할 수도 있다.

두 번째로 행복의 정서적 차원을 측정할 때, 학자들은 응답자들에게 일상의 수준에서든 어떤 주어진 순간에서든 행복의 느낌을 수량화해달라고 한다. 정서적 행복은 단기적 행복이다. 질적 연구에서는 어떤 사건이 벌어진 지 24시간 이내에 관련 데이터를 수집하려 한다. 그 시간이 지나가면 사람들의 기억은 원래의 느낌을 종종 왜곡하기 때문이다. 이 점에 대해서는 잠시 후에 살펴보자.

정서적 차원은 다음과 같은 질문으로 측정한다.

"당신은 어제 얼마나 행복했습니까?"

"당신은 어제 행복을 느꼈습니까? 혹은 스트레스, 불안, 공포를 느꼈습니까?"

이런 질문들은 일일 단위로 사람들의 느낌을 알아내는 것을 목표로 삼는다. 이 때문에 정서적 행복조사는 변동 폭이 큰 편차를 보인다. 정서적 조사에 영향을 주는 한 요인으로 '주말 효과'라는 것이 있다. 응답자들은 월요일 오전보다는 토요일에 심리적으로 분위기가 좀 더 긍정적이다.[22]

인지평가적 조사에서는 주말 효과가 별 영향을 끼치지 않는다. 인지평가적 차원을 측정할 때 응답자들은 한 걸음 뒤로 물러서서 자신의 삶을 중립적인 관점에서 살펴보기 때문이다. 설사 비가 오는 월요일 오전에 측정을 하더라도 사정은 마찬가지

이다. 결과적으로 인지평가적 응답이 정서적 응답보다는 좀 더 안정적이다.

국제적으로 행복을 조사할 때 사용되는 세 번째 차원은 소위 유다이모니아적 차원이라는 것이다. 이 차원은 다른 두 차원에 비하여 사용 빈도가 적다. 유다이모니아적 차원은 아리스토텔레스의 행복관, 즉 의미 있는 인생을 가리킨다. 여기서 응답자들은 인생의 목적을 어느 정도로 첨예하게 느끼느냐는 질문을 받는다.[23]

유다이모니아적 차원은 자율성, 능력, 학습, 강건함, 이타심 같은 영역도 다룬다. 이것은 정서적 차원에 속하는 에피쿠로스적 혹은 쾌락적 삶의 유형이나 즐거운 생활방식과는 아주 다른 차원이다.

이상에서 살펴본 것처럼 행복은 세 가지 차원에서 측정될 수 있다. 그중 어떤 차원이 '올바른' 것이냐고 묻는 사람들이 있다. 어떤 측정 방식이 가장 근접하게 행복을 정의하는 것일까?

나는 그중 어떤 것도 선호하지 않는다. 연간성장률, 인플레이션, 실업 수치가 한 나라의 경제상황에 대하여 각기 다른 양상을 묘사하는 것처럼, 인지평가적·정서적·유다이모니아적 차원은 한 개인의 삶에 대하여 다른 것들을 말해준다.

1장에서 언급한 것처럼, 행복의 세 차원은 때때로 겹치는데 이것이 조사결과에도 분명히 반영된다. 일상생활에 긍정적 인풋(정서적 차원)이 많이 들어오는 사람은 행복의 전반적 수준(인지평가적 차원)에서도 높은 점수를 얻을 것이다. 실제 조사결과도 이렇게 나타난다. 이 세 차원을 모두 동원하여 살펴보면 그것들이 서로 연결되어 있다는 걸 알게 된다. 테스트 결과 인지평가적 차원과 정서적 차원이 긴밀히 연결되어 있는 것으로 드러났다.

세 차원이 어떻게 다르고 또 세 차원을 서로 구분시켜 주는 것이 무엇인지 아는 것은 행복연구의 중요한 부분이다. 또 다양한 각도에서 행복을 측정해보면 세 요인들이 행복의 다른 양상에 어떤 영향을 미치는지도 드러난다.

월급액수는 인지평가적 차원에서는 중요한 역할을 하지만 정서적 차원에서는 영향이 거의 없거나 아예 없다. 소득이 높은 사람은 전반적으로 만족감을 느끼겠지만 그의 봉급이 날마다 일용하는 행복의 양식이 되지는 못한다.

자유와 자신의 삶에 대한 통제는 정서적 차원뿐만 아니라 인지평가적 차원에도 영향을 미친다. 마찬가지로 내가 위급할 때 가까운 사람이 곧바로 옆에 와줄 것이라는 확신도 그 두 차원에 영향을 미친다. 반면 사회의 부정부패 수준은 행복의 정서적 수준에만 영향을 미친다. 그것도 분노와 불안 같은 부정적 정서만 영향을 받는다.

부모가 되는 경험이 유다이모니아적 차원에 긍정적인 영향을 미친다는 것은 그리 놀라운 일이 아니다. 인생의 목적이 뚜렷해지면 흔히 쾌락추구적인 경향이 줄어들곤 한다.

- 질문에 따라
◦ 결과가 달라진다

글로벌 행복조사에서 사용하는 대부분의 설문지는 인지평가적 성격이 강하다. 덴마크가 정기적으로 조사차트에서 1위를 차지하는 이유가 바로 여기에 있다. 2012년과 2013년의 〈세계행복보고서〉는 덴마크를 계속 세계에서 가장 행복한 나라로 보고했다. 〈유로바로미터〉 조사에서는 1973년에 시작된 이래 계속 덴마크가 1위를 차지해왔다. 2년마다 실시되는 〈유럽사회조사〉에서 덴마크는 2회 연속 1위의 영광을 차지했다.

하지만 행복의 정서적 차원에 집중하는 조사에서는 덴마크의 성적이 그리 좋지 않다. 일일 단위로 사람들이 행복을 어떻게 인식하는지를 살피는 이 조사에서는 "당신은 어제 장시간 행복을 느꼈습니까?" 같은 성격이 다른 질문들을 던진다.

위와 같은 정서적 질문들을 던진 결과를 발표한 가장 최근의 〈세계행복보고서〉에서 덴마크는 156개국 중 102위를 차지했다. 그러나 즐거움, 불안, 스트레스 등에 관하여 덴마크 사람들에게 질문했을 때에는 성적이 좀 더 좋게 나왔다. 결과적으로 덴마크 사람들은 자신들이 전반적으로 행복하다고 생각하지만 일상적 기준에서는 행복을 체험하지 못한다는 사실에 주목해볼 만하다.

피상적으로 설명하면, 앞에서 이미 말했듯이, 행복을 가리키는 덴마크어 'lykke'는 영어 단어 'happiness'보다 좀 더 무거운 함의를 지니고 있다. 그러나 인지평가적 행복조사는 같은 단어를 사용해도 이렇다 하게 구분되는 효과가 없었고, 바로 위에서 살펴본 것처럼, 덴마크는 이들 조사에서 1위를 차지했다.

좀 더 그럴 듯한 설명은, 덴마크 사람들이 행복을 짧은 순간의 정점이나 클라이맥스라고 생각한다는 것이다. 그래서 어제 오랫동안 행복했냐고 덴마크 사람에게 물어보면 그 전형적 대답은 언제나 '그렇지 않다.'일 것이다.

이 단계에서 일부 조사에 '행복조사'라는 딱지가 붙어 있었다는 것을 지적할 필요가 있다. 그런 조사로는 OECD가 후원하는 '더 나은 삶의 지수 BLI'와 영국의 '행복한 지구 지수 HPI: Happy Planet Index' 두 가지가 있다. 두 조사 모두 '종합적 지표'로서 다양한 지표들로부터 결과를 수집한다.

'더 나은 삶의 지수'는 OECD 국가들 사이의 복지수준을 고려하고 있고, 덴마크는 보통 이 분야에서 좋은 성적을 올린다. 그 지표는 다른 10가지 지표들도 측정하는데 때때로 큰 상관도 없는 이런 저런 점수를 모아 가장 높은 수집 점수를 받은 나라가 '세계에서 가장 행복한 나라'라는 칭호를 받기도 한다. 하지만 이는 오해의 소지가 있다. 웰빙 혹은 행복을 구성하는 11가지 요소 중 오직 한 가지만이 웰빙과 관련되어 있기 때문이다.

이와 똑같은 제약이 '행복한 지구 지수'에도 적용될 수 있는데, 이 지표에서 덴마크의 순위는 밑으로 많이 처져 있다. 덴마크 사람들이 불행해서 그런 것이 아니라, 이 지표가 각 나라의 1인당 탄소 족적 carbon footprint 을 비교하기 때문이다. 간단히 말해서 '행복한 지구 지수'는 어떤 나라의 행복수준을 그 나라의 지속가능성(환경보호) 수준과 비교하는 것이다. 이것은 우리가 이해하는 '행복조사'의 범위에서 좀 벗어난다.

기자들은 서로 다른 유형의 설문조사를 거의 구분하지 못한다. 그래서 기사의 헤드라인이 어떤 때는 덴마크를 차트의 상위에 올려놓았다가, 어떤 때는 느닷없이 가장 낮은 순위에 던져놓는 것이다. 순전히 행복수준에 관한 조사일 때는 차트의 상위에, 행복수준을 탄소 족적 같은 다른 요인들과 비교하여 측정할 때는 하위에 있는 것이다. 이 두 가지 유형의 조사는 어떤 정치적 방침을 추구할 것인지를 결정하는 데는 적절하지만, 동일한 것을 측정하지는 않는다.

- 경험하는 것과
- 기억하는 것의 차이

행복조사에서 직면하는 또 다른 장애물은 사람이 어떤 사건을 경험하는 방식과 나중에 그것을 기억하는 방식에 차이가 있다는 사실이다. 프린스턴 대학 심리학과 교수이자 행복연구 분야의 전문가인 대니얼 카너먼 Daniel Kahneman은 이 사실을 지적한 최초의 학자였다. 카너먼은 심리학자로서 노벨 경제학상을 받은 최초의 수상자이기도 하다. 카너먼의 연구 중 하나는 소득이 행복에 미치는 영향에 대한 조사이며, 또 하나는 직장直腸 내시경 실험을 실시하여 사람들이 그 내시경을 경험하는 방식과 나중에 그것을 기억하는 방식을 조사하는 것이다.

직장내시경 실험에서는 한 무리의 환자들에게 직장내시경 검사를 받는 동안 불편한 정도를 측정할 수 있는 도구를 장착했다. 환자들을 A그룹과 B그룹으로 나눈 뒤 둘 다 정상적인 직장내시경 검사 과정을 거치도록 했다. 단지 마지막 단계에서 약간의 차이만 두었다. B그룹 환자들에게만 검사 후에 내시경을 직장 안에 그대로 남겨두었던 것이다. 이 마지막 단계는 고통이 크지는 않고 약간 불편한 정도였다.

A그룹과 B그룹 환자들은 내시경 검사를 진행하는 동안에는 동일한 양의 고통을 경험했으나, 마지막 단계에서 B그룹 환자들의 고통이 약간 연장되었다. 그런데 놀랍게도 이후 측정결과에서 B그룹의 환자들이 A그룹의 환자들보다 불편한 정도가 더 낮게 나왔다. 이것은 어떻게 설명할 수 있을까?

카너먼은 여기에서 '꼭대기-끝 효과 peak-end effect'를 지적한다. 이 효과는 사람들이 과거의 체험을 회상할 때 주로 그 사건의 꼭대기와 결론만 기억하는 현상을 가리킨다. 검사 마지막 단계에서 B그룹이 경험한 추가적인 불편함은 그 전의 검사과정에서 겪은 불편함에 비하면 사소한 것이었다. 따라서 B그룹은 결론적으로 A그룹이 겪은 고통보다 덜 불편하다고 느꼈다는 것이다.

이러한 현상은 다른 곳에서도 관측된다. 가령 은퇴한 군인들이 과거 좋았던 군대시절을 회상할 때면, 훈련교관의 기합을 이겨낸 일이며 휴가 중에 있었던 재미난 일들에 대해 말하곤 한다. 하지만 그들이 군인이었던 시절로 되돌아간다면 같은 애기를 할까? 아마도 아닐 것이다. 세 시간 내내 땅을 팠다가 다시 메우고 다시 땅 파기 작업을 했다거나, 밤새 칫솔 하나로 연대 병력의 전투화를 닦았다는 얘기가 넘쳐날 것이다.

요점은 이것이다. 우리는 어떤 방식으로 경험을 하지만 나중에 그걸 기억할 때에는 다른 방식으로 기억한다는 것이다. 카너먼은 이것을 '경험하는 자아 experiencing self'와 '기억하는 자아 remembering self'로 구분했다.[24]

인지평가적 원칙에 바탕을 둔 조사는 사람들의 사건 후 기억이 실제 벌어진 사건과는 다르다는 사실 때문에 애로를 겪는다. 이 때문에 연구자들은 '경험 표본추출 방법 experience sampling method'을 사용한다. 실험대상자들에게 호출기나 앱을 제공하고 그들에게 지금 어디에 있는지, 무엇을 하는지, 어떤 느낌인지를 기록하도록 정기적으로 알리는 방법이다.

카너먼은 '경험 표본추출 방법'과 유사한 모델인 '일일 재구성 방법day reconstruction method'을 개발하여 실험대상자들이 매일 어떤 기분을 느끼는지 기록하게 했다. 실험참가자들은 그 전날의 사건들을 재구성하고, 각 사건이 얼마나 오래 지속되었는지 기록하고, 어떤 감정을 느꼈는지도 적어야 한다.

텍사스 출신의 여성 1,000명의 도움을 받아, 카너먼 팀은 여성들이 언제 그리고 어떤 상황에서 가장 행복하다고 느끼는지 파악할 수 있었다. 섹스가 1위를 차지했고, 출근하기와 직장 상사와 시간 보내기가 꼴지를 차지했다.

칙센트미하이 교수가 개발한 '경험 표본추출 방법'은 실험참가자들의 순간적 지각에 더 집중하면서 '흐름flow'의 개념을 탐구한다. '흐름'은 완전한 몰입에 빠져드는 적극적 심리 상태를 말한다. 칙센트미하이의 실험 중에는 10만 장 이상의 '스냅사진'을 수집하는 것도 있다. 이 방법은 심리학, 사회학, 교육학, 기업체 등의 분야에서 다양한 유형의 경험을 검토하여, 어떤 사건이 벌어졌을 때 사람들이 반응하는 방식에 대한 정보를 제공한다. 현재 떠오르는 앱시장은 가까운 장래에 좀 더 좋은 방법론을 내놓을 것이다.

- 행복한 사람들 사이에는
◦ 공통분모가 있다

기존의 설문조사인 '재구성 방법 reconstruction method', '경험 표본 추출 방법' 등은 모두 오늘날의 방대한 데이터를 축적하는 데 기여했다.

2013년 〈세계행복보고서〉는 〈갤럽세계여론조사〉에서 수집한 자료들로 구성되어 있다. 156개국이 2010~2012년 사이에 조사에 참여했으며, 나라별로 연간 1,000명의 개인이 참여했다. 통틀어서 약 50만 명이 조사에 참여했다.

그러나 〈세계행복보고서〉는 숱한 행복조사들 중 하나일 뿐이다. 유럽위원회는 1973년 이후 유럽의 웰빙수준을 관찰하고 있다. 미국에서는 〈미국일반사회조사〉에서 40년 이상이나 미국인들의 행복수준을 측정해오고 있다. 그러나 앞에서 이미 말했듯이 행복수준은 〈유럽사회조사〉, 〈세계가치조사〉, 〈갤럽세계여론조사〉 등에 의해서도 관측되고 있다. 게다가 국제기구인 OECD는 회원국들의 웰빙수준을 조사하기 시작했다. 수십 년에 걸쳐 수집된 이런 자료들 덕분에 전 세계 수백만 사람들의 반응을 상호 비교할 수 있게 되었다.

방대한 자료 덕에 우리는 자신을 행복하다고 여기는 사람들의 삶에 나타나는 공통분모를 발견할 수 있었다. 여러 해 동안 이 방법은 건강한 사람들의 공통점을 찾으려는 건강연구 분야에서 적극적으로 활용해왔다. 장수하는 사람들의 공통적인 특징은 무엇인가? 그들은 무엇을 먹고, 담배는 얼마나 피우며, 얼마나 많이 운동을 하고, 술은 어느 정도 마시는가?

마찬가지로 행복 데이터를 활용하여 우리는 행복과 소득, 결혼 여부, 건강, 사회관계 같은 요소들 사이의 상관관계를 연구할 수 있다. 상관관계는 지역과 시간의 제약을 넘어 통시적으로 추적할 수 있다. 학자들은 행복에 영향을 미치는 긍정적 혹은 부정적 요인들만 따로 떼어내어 연구할 수 있고, 서로 다른 유형의 행복을 구분할 수 있다.

학자들이 사람들에게 얼마나 행복한지 물어본 뒤 이어서 '결혼은 했는가? 자녀를 두었는가? 나이는? 건강한가? 직장은 있는가? 소득은 얼마나 되고, 어떤 종류의 일을 하는가?'와 같은 그들의 전반적 삶에 대하여 물어보면 어떤 특정한 패턴이 나타난다.

자료의 양은 점점 더 늘어나고 있고, 숱한 연구들이 놀라운 결론에 도달했는데, 이에 대해서는 4, 5, 6장에서 자세히 살펴보자.

- 어떤 것이 원인이고
○ 어떤 것이 효과인가?

행복연구를 가로막는 세 번째 장애물은 어떤 것이 원인이고 어떤 것이 효과인지 결정하는 문제이다. 다른 많은 학문 분야에서도 이 문제에 대해 고민한다. 건강 분야를 한번 들여다보자.

"치실을 사용하여 더 오래 사세요."[25]

최근 한 덴마크 신문의 헤드라인이다. 연구에 따르면 치실을 사용한 사람들은 치실을 사용하지 않은 사람들보다 평균 여섯 살이나 더 오래 살았다. 6년이나 더 살다니! 반대로 흡연의 경우와 비교해보면, 중증 흡연자의 평균 수명은 비흡연자보다 8~10년이나 짧다. 어쩐지 담뱃갑에 붙어 있는 경고문안을 떼어내고 치실을 넣어주어야 할 것 같다. 그렇게 하면 흡연자의 생명도 2~4년 정도만 줄어들지 않겠는가.

신문기사는 이렇게 보도했다.

"치실을 사용하면 잇몸이 감염되는 위험을 줄여줄 뿐만 아니라, 유해한 박테리아가 동맥이나 심장 근처로 퍼지는 것을 막아준다."

이것이 그럴 듯한 설명처럼 들리는가? 그럴지도 모른다. 하지만 치실을 사용하는 사람들이 어쩌면 다른 사람들에 비해 다른 마음가짐을 가지고 있는지도 모를 일이다. 매일 밤 치실로 꼼꼼하게 이를 닦으라는 치과의사의 지시를 따르는 사람이라면, 다른 일반적인 의학적 조언도 잘 따르지 않을까? 치실 쓰는 사람들이 그렇지 않은 사람들보다 담배도 덜 피우고, 보다 건강한 음식을 먹고, 운동도 정기적으로 더 많이 하리라고 추측해볼 수 있다.

어떤 때는 A라는 요인이 B라는 일을 발생하게 한다. 그러나 숨겨진 또 다른 원인이 A와 B가 발생하는 이유가 되기도 한다. 폐암을 앓는 사람들은 손톱이 암갈색인 경우가 많은데, 이 두 가지는 언급되지 않은 제3의 요인 때문에 발생한다.

행복연구는 행복한 사람들의 공통점을 보여줄 수 있지만 행복한 사람들 사이에 어떤 공통점이 '있다'는 것만 증명할 뿐 그 행복을 가져다주는 것이 '무엇'인지는 드러내지 못한다.

소득이 높은 사람은 종종 평범한 사람보다 더 행복하다. 그렇다고 소득이 행복의 원인이 된다는 뜻은 아니다. 행복한 사람은 주변 사람들에게 더 성공한 사람처럼 보이기에 임금협상에서도 더 유리할 수 있다. 아니면 어떤 숨겨진 원인이 있어서 행복하게도 만들고 더 많은 돈을 벌 수 있는 능력을 줄 수도 있다.[26] 예를 들어, 행복연구는 외향적인 사람이 보통 사람보다 더 행복하다는 것을 보여주었다. 외향적인 사람이 내향적인 사람보다 더 많은 돈을 번다는 통계를 더하면, 그 둘 사이의 상관관계가 드러난다. 하지만 이 두 요인이 반드시 연관되어 있는 것은 아니다.

여러 요인들 사이의 인과관계를 좀 더 자세하게 조사하기 위해 학자들은 소위 '코호트 연구cohort studies(연구통계인자를 공유하는 집단 연구_옮긴이)' 혹은 '패널 연구panel studies'를 활용하여 여러 해 동안 어떤 개인들의 그룹을 관찰한다. 이런 연구들 중 일부는 수십 년에 걸쳐 동일한 그룹의 수천 명의 개인들을 관찰해왔으며, 이를 통해 다양한 인생 사건들 사이의 인과관계를 탐구할 수 있었다.[27]

독일의 한 코호트 연구는 수년 동안 대규모 집단의 개인을 관찰하고 있다. 〈사회경제패널Sozio-ökonomisches Panel〉이라고 불리는 이 연구는 1984년에 시작되어 1만 2,000명의 실험참가자들을 대상으로 꾸준히 관찰하고 있다. 영국의 〈가정패널조사Household Panel Survey〉는 1991년 이래 계속되고 있는데 1만 가정을 관찰 대상으로 잡고 있다. 실험참가자들은 해마다 행복에 관한 질문도 포함된 여러 질문에 성실히 답변한다.

수십 년에 걸쳐서 수천 명의 사람들의 행복수준을 관찰하면 원인과 효과의 관계를 더 잘 이해할 수 있게 된다. 이 때문에 학자들은 어떤 사건들이 사람의 행복에 영향을 미치는지 탐구할 수 있게 되었다.

코호트 연구는 주관적 측정에 내재된 불확실성도 제거해준다. 동일한 생활조건과 정서적 공감대를 갖고 있는 두 명의 실험참가자도 아주 다른 반응을 보일 수 있다. 가령 현재의 행복수준을 0에서 10까지의 척도로 표시하라고 하면 같은 행복수준을 가지고 있는데도 한 사람은 6이라고 하고 다른 사람은 8이라 할 수 있다. 그러나 동일한 사람을 오랜 시간에 걸쳐서 관찰한다면 이런 불확실성은 제거된다. 코호트 연구방법을 쓰면 학자들은 이혼이나 실업이 미치는 평균적인 영향을 측정할 수 있다. 실험참가자들이 0에서 10까지의 척도를 어떻게 해석하고 사용하든 간에 평균치를 얻을 수 있는 것이다. 덴마크 행복연구소는 이런 몇몇 방법들을 사용하여 재단이나 민간기업들이 시민이나 환자 그룹을 위해 생활의 질을 향상시키는 사업을 도와주고 있다.

지금까지 말해온 장애물들은 행복조사를 할 때 극복해야 하는 도전의 일부일 뿐이다. 비록 때때로 울퉁불퉁하지만 행복에 영향을 미치는 요인들을 이해하는 데 코호트 연구보다 더 좋은 길은 없다.

이제 행복을 좀 더 면밀히 해부해보기로 하자. 행복수준에 영향을 미치는 요인들을 이해하기 위해, 우리는 '자연 대 훈육 nature versus nurture'이라는 이분법을 극복해야 한다. 이제 4장으로 들어가 '쌍둥이 연구'에 대해 논의해보자.

4장

유전자가 행복에 영향을 미칠까?

lykken under lup

○ 쌍둥이 연구를 통해 유전이 행복에 어느 정도로 영향을 미치는지, 행복을 느끼는 능력과 어느 정도 관계가 있는지 알게 되었다.

○ 행복연구자들은 빅데이터를 활용하여 특정 국가와 무관한 '나이와 행복의 상관관계' 같은 국제적인 패턴을 찾아낼 수 있다.

○ 우리의 행복수준과 기대수명 사이에는 명확한 상관관계가 있다.

● 행복은
○ 타고나는 것일까?

"모든 행복한 가정은 서로 비슷하다. 그러나 모든 불행한 가정은 저마다의 방식으로 불행하다."

러시아의 대문호 레오 톨스토이 Leo Tolstoy 의 장편소설《안나 카레니나 Anna Karenina》의 첫 문장이다. 이 위대한 작가의 주장에는 일리가 있다. 행복한 사람들의 집단을 살펴보면 일정한 패턴이 있기 때문이다.

행복한 사람들 사이에서 발견되는 공통점과 삶에서 행복과 만족에 가장 큰 영향을 미치는 것들은 무엇일까? 그중 우리가 통제할 수 없는 유전과 나이에 초점을 맞춰 살펴보자.

어떤 사람들이 다른 사람들보다 더 행복한 이유를 밝히는 학문 중 하나가 유전학이다. '행복 설정값 이론 happiness setpoint theory'에 따르면 우리는 일정한 행복의 상태에서 태어난다. 이 이론은 우리 각자가 상대적으로 안정된 행복수준을 갖고 있다고 주장한다. 그래서 우리가 꿈꾸는 직업을 얻었을 때와 같이 단기적으로는 행복에 영향을 미칠 수 있지만, 장기적으로는 우리의 행복수준이 예전과 같은 수준으로 되돌아간다는 것이다. 우리는 행복의 목표에 도달하면 재빨리 새로운 목표를 설정한다. 우리가 원하는 행복수준의 기대치를 높이는 것이다. 이것은 우리가 새롭고 더 나은 환경에 비교적 빨리 적응한다는 뜻이기도 하다. 한때 우리를 행복하게 해줬던 것은 곧 일상이 되고 우리는 행복을 추구하는 새로운 방식을 찾아 두리번거린다.

이러한 현상을 가리켜 '쾌락의 쳇바퀴 the hedonic treadmill'라고 한다. 행복한 일이 있어도 시간이 지나면 더 큰 욕구를 갖게 되는 것이 반복되는 현상을 말한다. 이 용어는 1971년에 미시간 대학의 심리학과 교수 필립 브릭먼 Philip Brickman 과 심리학 교수이자 나중에 미국 심리학회 회장을 역임한 도널드 캠벨 Donald Campbell 이 처음 만들어냈다.

하지만 새로운 환경에 적응하는 우리의 능력은 다행스럽게도 상황이 악화될 때도 발휘된다. 살던 집이 압류된 후에 작은 아파트로 이사할 때에도 우리는 그 작은 평수에 곧 익숙해진다. 설사 우리가 어떤 장애를 얻게 된다 하더라도 적응할 수 있게 된다. 좀 안된 얘기지만, 실제로 코호트 연구를 통해 우리는 불우한 상황에 처한 사람들로부터 뭔가를 배울 수도 있다.

앞에서도 언급했듯이, 영국 연구자들은 같은 그룹의 사람들을 장기간에 걸쳐 조사했다. 그 그룹의 사람들은 그들의 행복수준에 대하여 정기적인 질문을 받았다. 이를 통해 우리는 결혼, 이혼, 장애인이 되는 것 등의 인생 사건들이 행복에 미치는 효과를 파악할 수 있게 되었다. 영국의 조사연구에서 장애인의 사례는 1만 명 중 72명에게 발생했다. 이들은 장애인이 되어 최소 2년 이상 장애를 안고 살아왔다.

연구기간 중 장애인이 된 사람들의 발전과정을 살펴보면 일정한 패턴이 드러난다. 장애인이 된 직후에는 인지평가적 행복수준이나 장기적 행복수준이 급격하게 떨어지지만, 1~2년 뒤에는 장기적 행복수준이 예전 수준으로 돌아오기 시작한다. 장애가 심한 경우에는 원래의 수준으로 회복되지 못했으나, 경미한 장애인의 경우에는 거의 대부분 예전 수준을 회복했다.[28] 적응과 쾌락의 쳇바퀴 이론을 가장 먼저 규명한 브릭먼 교수는 1978년의 연구서 《복권 당첨자와 사고 피해자: 행복은 상대적인가 Lottery Winners and Accient Victims: Is Happiness Relative》에서도 같은 결론을 내렸다.

브릭먼 연구나 영국 코호트 조사 같은 연구는 행복설정값 이론과 쾌락의 쳇바퀴 이론을 강화시켰다. 행복설정값 이론의 주창자 중에는 작고한 데이비드 리켄 David Lykken도 있는데 그는 미네소타 대학의 행동유전학 교수로서 '쌍둥이 연구'로 널리 알려져 있다.

리켄과 동료들은 1936~1955년에 미네소타에서 태어난 쌍둥이들을 등록시킨 후, 일란성과 이란성 쌍둥이 총 1,491쌍을 연구했다. 그중 111쌍의 쌍둥이들은 태어나자마자 헤어졌다. 당시 미국에서 쌍둥이들이 서로 다른 가정에 입양되는 것을 허용했기 때문이다. 그래서 조사연구자의 목적에 알맞게, 동일한 유전자를 가진 두 사람이 서로 다른 환경에서 성장하는 배경이 마련되었다.

'인간의 유전자는 행복에 어떤 영향을 미치는가? 일란성 쌍둥이들은 아주 다른 장소와 환경에서 성장했는데도 그들의 삶에서 똑같은 행복을 느낄 수 있는가?'

행동유전학 교수에 따르면 그 대답은 '그렇다.'이다. 일란성 쌍둥이들 사이에서 장기적 행복과 관련하여 비교적 높은 상관관계가 나타났다. 상관관계 계수가 0.44~0.52 사이였다.

상관계수는 두 변수 간의 관계를 보여주는 -1에서 1 사이의 숫자이다. 높은 상관계수는 관련성이 높다는 뜻이다. 즉 두 변수 중 한 변수를 사용하여 다른 변수를 예측할 수 있다는 뜻이다. 예를 들어 섭씨온도는 화씨온도를 정확하게 예측할 수 있으므로 상관계수는 1이다. 반대로 낮은 상관계수도 있는데, 아버지 키와 아들 키의 관계가 그러하다. 아버지의 키가 크면 아들도 클 가능성이 있지만, 아들의 키에는 일상 음식이나 다이어트, 엄마의 키 같은 다른 요인들이 작용한다. 또한 음(-)의 상관계수는 한 변수가 높을 때 다른 변수는 낮은 경우를 가리킨다. 가령 자동차의 속도가 빠를 때 생존가능성은 낮아지는 관계가 그러하다.

일란성 쌍둥이들의 경우 행복지수의 상관계수는 약 0.5였다. 이것은 쌍둥이 중 한 명의 행복수준이 높으면 다른 쌍둥이도 행복할 가능성이 상대적으로 높다는 뜻이다. 이란성 쌍둥이의 경우에는 그 어떤 연관성도 발견되지 않았기에 상관계수는 0이다.

이 연구를 근거로 리켄은 사람들의 행복은 대략 50퍼센트 수준까지는 유전에 의해 결정되는 것 같다고 결론을 내렸다.[29] 예를 들어, 일란성 쌍둥이 중 한 사람은 결혼을 하고 좋은 직장에 다니고 일주일에 세 번씩 조깅을 하는 반면, 다른 쌍둥이

는 배우자도 직장도 없고 운동도 하지 않는다면 두 사람의 행복수준은 같을 수 있을까? 리켄에 따르면 두 쌍둥이는 똑같이 행복할 가능성이 있다. 일반적으로 직장, 결혼 여부, 건강 등이 사람의 행복에 크게 관여하지만, 이러한 생활환경과 비교할 때 유전자가 미치는 영향이 엄청 크기 때문이다.

유전학 연구는 나라들 간의 행복수준의 차이를 파악하는 데 도움을 주고, 왜 덴마크가 그런 조사에서 좋은 성적을 거두는 지도 설명해준다.

2014년, 영국 워릭 대학 경제학과에 소속된 에우제니오 프로토 Eugenio Proto 박사와 앤드류 오스왈드 Andrew Oswald 교수는 사람들의 유전자 정보와 장기적 행복 사이에 연관관계가 있다는 세 가지 유형의 증거를 제시했다.

첫째, 어떤 나라의 인구집단의 유전정보가 덴마크인의 것과 비슷할수록 그 나라는 행복조사에서 높은 점수를 얻었다. 국민총생산, 문화, 종교, 지리, 생활수준 등과 관련 없이 이런 결과가 나왔다.

둘째, 세로토닌 흡수에 영향을 미치는 유전자 돌연변이의 확산을 탐구했더니 유전적 돌연변이가 있을 경우 삶의 만족도가 낮았다. 조사 대상인 131개국 중에서 덴마크와 네덜란드는 사람들의 유전자 돌연변이율이 가장 낮았다.

셋째, 다른 나라에서 이민 온 사람들의 영향을 조사했다. 덴마크 혈통의 미국인이 다른 유전자 프로파일을 가진 미국인보다 행복했을까? 그렇다. 유전자 변이율이 낮은 이런 나라들에서 이민 온 후손들이 개인 소득수준 같은 다른 요인들과는 상관없이 행복수준이 더 높았다.

이런 증거들이 나왔다고 해서 행복설정값 이론을 무시해버릴 수는 없다. 그러나 유전적 특징이 행복에 영향을 미친다는 사실에 다양한 질문들이 쏟아지면서 이에 관해 논의할 기회도 늘어났다. 가령 우리의 행복이 절반 정도나 유전에 의해 결정된다면, 우리가 좀 더 행복해지려고 노력하는 것은 무익한 일이 되지 않겠는가? 마치 인위적으로 키를 더 키우려고 하거나 눈동자 색깔을 바꾸려고 하는 노력처럼 말이다.

그런데 유전적 특징의 영향을 인정한다고 하더라도, 특히 미국의 쌍둥이 연구 때문에 인정하게 되었더라도, 그 연구를 너무 과대평가하지 않도록 조심해야 한다. 미네소타 데이터베이스에 들어 있는 연구에서도, 쌍둥이가 서로 다른 부모 밑에서 성장하긴 했지만 그들은 모두 미국 사회 안에서 자랐다는 사실을 잊지 말아야 한다. 사람들이 속해 있는 사회도 유전 못지않게 행복수준에 커다란 영향을 미치는 것이다.

2015년 〈세계행복보고서〉에 포함된 158개국의 행복도를 살펴보면, 0과 10 사이의 척도에서 행복도가 가장 낮은 나라들은 약 3.5점이고, 가장 행복하다고 나온 나라들은 약 7.5점이었다. 그래서 행복은 출생복권이다! 가만히 들여다보면 그렇다. 행복은 일부분 선천적으로 가지고 태어나는 유전자에 달려 있지만, 우리가 지구상의 어떤 나라에 사는가 하는 것도 출생복권의 중요한 부분이다.

이처럼 행복은 우리의 안팎에서 온다. 행복은 유전자 구성과 생활환경에 의해 결정되지만, 우리가 그 환경에 어떻게 적응할 것인가는 우리가 어느 정도 통제할 수 있는 것이다.

그러나 우리의 행복수준에 영향을 미치는 것으로 유전자 이외에 우리가 통제할 수 없는 것도 있다. 가령 우리의 나이가 그러하다.

- 중년에 행복이
- 바닥을 치는 이유

서양에서는 일반적으로 청춘의 시기가 인생에서 가장 행복한 단계라고 생각한다. 여기에 사회경제적 지위와 유전적 특징이 동등한 두 그룹이 있다고 해보자. 다만 한 그룹은 30세의 사람들로, 다른 그룹은 70세의 사람들로 구성되어 있다. 어느 쪽이 더 행복할 거라고 생각되는가? 대부분의 사람들은 젊은이 그룹이 더 행복할 것이라고 생각한다. 실제로 몇몇 연구원들이 실험대상자인 두 그룹 구성원들에게 누가 더 행복할 것 같냐고 물었을 때 두 그룹의 대답이 정확히 일치했다. 30세 된 사람들도 70세 된 사람들도 모두 젊은이들이 노인들보다 더 행복할 거라고 대답했다.[30]

이런 수치는 무엇을 말해주는가? 행복은 진정 젊은이의 전유물이란 말인가? '마흔, 뚱뚱하고 끝나버린 나이'라는 덴마크의 속담은 진실이란 말인가?

영국 워릭 대학 교수 앤드류 오스왈드와 미국 다트머스 대학 교수 데이비드 블랜치플라워 David Blanchflower는 그 질문에 대하여 각자 답을 내놓았다. 두 교수는 행복과 나이의 관련성을 탐구하기 위하여 약 50만 명에 이르는 사람들의 데이터를 분석했다. 그들의 연구는 나이와 행복 사이에 보편적 관계가 있다는 것을 보여줌으로써 많은 관심을 불러일으켰다. 오스트레일리아에서 짐바브웨에 이르는 72개국을 조사대상으로 삼았는데 결과가 모두 동일했다.

블랜치플라워와 오스왈드에 따르면, 행복의 크기는 인간의 한 평생을 통하여 U자형 곡선을 그린다. 청년시절과 노년시절에 가장 행복하고 중년에 가장 덜 행복하다는 의미이다. 삶에 대한 만족도와 행복지수가 40대에 들어서면서 하강곡선을 그리는 이유는 중년에 직장 및 가정 생활에서의 스트레스 등이 동시다발적으로 일어나 과부하 상태가 되면서 신체적으로나 감정적으로 소진되기 때문이다.

사람들이 바닥을 치는 시기는 나라에 따라 다르지만 세계 평균은 약 44세이다. 실직은 행복도를 가장 크게 하락시키는 요인 중 하나이다. 하지만 나이가 22세에서 40세가 되는 것만으로도 행복지수가 3분의 1이나 훅 떨어진다. 따라서 나이는 행복에 중대한 영향을 미친다.[31]

이와 같이 '마흔, 뚱뚱하고 끝나버린 나이'라는 말에 일말의 진리가 깃들어 있다는 나쁜 뉴스도 있지만, 일단 바닥을 치고 나면 더 행복해진다는 좋은 뉴스도 있다.

위에서 지적한 것처럼 사람들이 바닥을 치는 나이는 나라마다 다르다. 우크라이나 사람은 64번째 생일에 최악의 상황을 맞지만, 스위스 사람은 35세에 이미 바닥을 친다. 그러나 대부분의 나라에서 최저점은 40대로 나타났고, 덴마크는 평균 46세에 바닥을 치는 것으로 드러났다.

남자와 여자가 행복의 바닥을 치는 나이에도 차이가 있다. 세계 평균을 보면 여자는 약 39세에, 남자는 그보다 10여 년 뒤인 약 53세에 바닥을 친다.

이 시나리오는 우울증에 걸리는 사람들의 패턴에서도 입증되었다. 중년에 가장 행복하지 않다면, 우울증에 걸린 사람들 중 40대가 가장 많을 것이다. 오스왈드와 블랜치플라워는 실험 대상자들의 생애에서 우울증의 위험을 조사했는데 그 결과는 행복수준의 양상과 일치했다. 즉 행복도가 가장 낮은 삶의 단계에서 우울증에 걸릴 위험도 가장 높았다.

그렇다면 그다음에 던져야 할 질문은 이것이다.

'왜 이것이 사실일까? 왜 사람들은 중년에 삶에 대한 만족도가 가장 낮고 가장 덜 행복할까?'

대답은 인생의 이 단계에서 많은 사람들이 육아와 경력관리의 스트레스를 동시에 받기 때문에 그렇다는 것이다. 그러나 이 대답이 완전히 만족스럽지는 않다. 아이가 없는 40대에게도 행복수준이 낮게 나타나기 때문이다.

그렇다면 왜 사람들은 중년에 덜 행복한가? 이 나이쯤에 이르면 우리가 갖고 있던 꿈들이 대부분 실현되지 못하리라는 것을 깨닫기 때문이다. 축구선수나 록 스타, 국회의원의 꿈을 갖고 있었지만, 이제는 자신이 더 이상 특별한 삶을 살 수 없음을 깨닫고 나머지 99퍼센트의 삶과 비슷하게 굴러갈 것임을 인정하게 되는 것이다. 그런데 그것을 받아들이는 일은 삼키기 힘든 환약丸藥과 같다.

그런데 놀랍게도 중년의 위기의 원인을 인간의 생물적 특징에서 찾아볼 수 있다는 주장이 제기되어 전 세계적으로 이목을 집중시켰다. 오스왈드와 블랜치플라워는 나라나 문화와 상관없이 그 현상을 관찰해왔다. 그런 뒤 그다음 단계로 이런 질문을 던지게 되었다.

'유전적 특징에 의해 결정되는 행복의 양은 평생 동안 어느 만큼이나 되는 걸까?'

'중년의 위기가 생물적 특징에서 오는 것이라면 우리의 조상인 유인원에게서도 중년의 위기가 나타날까?'

2012년 오스왈드와 네 명의 연구자들은 중년의 위기에 대하여 《증거 Evidence》라는 연구서를 펴냈다. 이 책에는 유인원들의 중년의 위기가 인간의 행복곡선인 U자형 곡선과 일치한다는 내용이 담겨 있다. 오스왈드 팀은 유인원들의 나이와 행복수준 간에 명확한 상관관계가 있음을 밝혀냈다.

미국, 일본, 캐나다, 싱가포르의 동물원에서 침팬지 336마리와 오랑우탄 172마리가 어느 정도 만족감을 느끼고 있는지를 사육사가 평가했는데, 508마리의 유인원들 사이에서 일정한 패턴이 나타났다. 유인원들은 중년의 나이에 이르렀을 때 자신의 삶에 가장 만족하지 못했다.[32]

오스왈드와 리켄의 유인원 연구와 쌍둥이 연구는 결국 유전적 특징과 나이가 행복수준에 영향을 미친다는 결론을 내렸다.

여기서 중요하게 짚고 넘어가야 할 것이 있다. 이 결론은 장기적 행복(인지평가적 행복)에 해당하는 것이지 단기적 행복(정서적 행복)과는 무관하다는 점이다. 인지평가적 행복은 한 걸음 뒤로 물러서서 인생을 전반적으로 평가하는 방식이다. 정서적 행복은 우리가 일상적으로 경험하는 일들 혹은 하루하루 우리가 겪는 심리적 상태와 상관이 있다.

사람들은 청년시절과 노년시절에 그들의 삶에 대하여 전반적으로 만족하지만(인지평가적 행복), 단기적 행복의 관점에서 살펴보면 얘기가 달라진다.

남부 캘리포니아 대학의 심리학 및 사회행동학 교수인 수잔 찰스Susan Charles 박사는 1971~1994년 사이에 2,700명 이상의 미국인들을 대상으로 단기적 행복의 발전과정을 추적했다. 연구결과는 인간의 긍정적인 감정은 평생에 걸쳐 안정되어 있다는 것을 보여주었다. 예를 들어 1971년에 19세였던 사람이 표현한 행복의 정도는 20년 뒤인 1991년에 39세가 되어서도 같은 수준이었다. 그러나 60~80세 사이에서는 긍정적인 감정이 약간 떨어졌다. 동시에 분노와 근심 같은 부정적인 감정들은 나이가 들어감에 따라 꾸준히 떨어졌다.

이러한 정보를 종합해보면, 60세가 될 때까지 사람들은 긍정적인 감정을 안정적으로 경험하는 반면 부정적인 감정은 꾸준히 떨어진다는 것을 알 수 있다. 연구원들에 따르면, 사람들은 나이가 들어갈수록 싫어하는 상황을 피하는 법을 배우고 날마다 긍정적인 일상 경험과 상황을 만들 수 있기 때문이라고 한다.[33]

나이와 행복의 관계를 면밀히 살펴보려면 코호트 연구를 더 많이 참고할 필요가 있다. 세대 간 행복의 차이는 한 세대가 다른 세대보다 더 좋은 시절에 태어났기 때문일 수도 있다. 70세 그룹이 30세 그룹보다 더 행복하게 보인다면 그것은 나이든 그룹이 젊은이들과는 완전히 다른 경험을 공유하고 있기 때문일 것이다. 그 경험이 나이든 사람들에게 인생과 행복에 대하여 완전히 다른 관점을 갖게 한 것일 수 있다.

가령 한쪽에는 경제가 어려운 시기에 태어나 그 후에 복지 국가가 꽃피는 것을 본 베이비붐 세대가 있다. 그리고 다른 한쪽에는 1990년대와 2000년대에 성장한 세대가 있는데 이 세대는 온 세상이 그들 앞에 열려 있다고 믿다가 글로벌 경제의 붕괴를 체험한 세대이다. 이 두 세대의 차이를 비교한다고 해보자. 두 세대는 살아온 환경도, 행복에 대한 경험도, 그 결과 인생을 바라보는 관점도 모두 다를 수밖에 없지 않은가. 따라서 오늘날의 젊은이들이 노년에 이르기 전까지는 우리의 행복에 나이가 영향을 미치는지, 행복의 정도 차이가 세대 간의 차이 때문인지 정확히 판단하기 어렵다.

현재로서는 나이가 행복의 정도에 영향을 미친다는 이론을 가정해야 한다. 나이는 유전자와 마찬가지로 우리가 조절할 수 없지만 우리의 단기적·장기적 행복에 영향을 미친다.

행복에 영향을 미치지만 우리가 통제하지 못하는 요인들을 논의하기 전에 행복이나 우울증 같은 감정과 항우울제 간의 상관관계를 먼저 살펴보자. 덴마크가 행복조사에서 높은 점수를 얻는 것은 덴마크의 항우울제 사용 비율이 높기 때문이라고 믿는 사람들도 많다.

- 항우울제가 행복을
○ 지켜주는가?

풍자를 주로 하는 웹사이트 '로코코포스텐 Rokokoposten'은 지난 2012년에 이런 선언을 했다.

"덴마크가 세계 행복조사에서 1위를 차지하는 것은 행복감을 증진시키는 약물을 광범위하게 남용하기 때문이다. 따라서 덴마크는 '지구상에서 가장 행복한 나라'라는 타이틀을 소급하여 박탈당했다."

신경안정제를 세계에서 가장 많이 복용하는 나라가 어떻게 지구상의 가장 행복한 나라가 될 수 있느냐는 질문을 자주 받는다. 이 질문 자체는 일견 타당한 것처럼 보이지만, 그런 질문 뒤의 전제사항들은 잘못된 것이다.

덴마크 사람들은 항우울제를 많이 소비한다. 약 45만 명이 항우울제를 복용하는데, 이는 덴마크 사람 12명 중 한 명 꼴이다. 그러나 OECD 보고서에 따르면 회원국들 중 현재 항우울제 최대 소비국은 아이슬란드이고, 그다음은 오스트레일리아, 포르투갈, 캐나다, 스웨덴, 영국 순이며, 덴마크는 7위이다. OECD 평균 항우울제 소비율보다 높은 38퍼센트를 소비하고 있지만, 덴마크는 최근에 들어와서야 비로소 항우울제 최대 소비국들 중 하나가 되었다. 2000년에는 연구대상이 된 18개 OECD 국가 중에서 10위였고, 당시 항우울제 소비율은 OECD 평균보다 겨우 5퍼센트 높을 뿐이었다.[34] 덴마크의 항우울제 소비율은 2000~2011년 사이에 꾸준히 늘어나서 최대 소비국들 중 4위가 되었다. 하지만 그 후에 다른 나라들이 덴마크를 추월했다.[35]

덴마크의 항우울제 소비율은 여전히 높은 수준이다. 그렇지만 항우울제는 덴마크가 행복조사에서 1위를 차지하게 된 원인이 아니다. 〈유로바로미터〉는 1973년 이래 유럽의 행복수준을 조사해왔는데, 매해 덴마크는 1위이거나 1위에 가까운 성적을 냈다. 그런데 항우울제는 1980년대 후반에 들어서야 덴마크 시장에 들어왔다. 따라서 항우울제 소비율로는 덴마크가

1973년부터 행복조사에서 1위를 차지한 이유를 설명하지 못한다. 또 2000년 이후에 늘어난 항우울제 소비량은 아무 것도 설명해주지 못한다. 덴마크의 행복도는 40년 동안 꾸준하게 높은 수준을 유지해왔던 것이다.

사실 항우울제 소비율이 높다는 것과 지구상의 가장 행복한 나라라는 타이틀 사이에는 아무런 역설도 존재하지 않는다. 이 두 가지 사항은 복지국가라는 숨겨진 요인의 영향을 받는 까닭이다. 덴마크 사람들은 상대적으로 고통과 고난을 줄이려고 적극적으로 노력하는 사회에 살고 있다. 실업자는 국가의 보조를 받고 있고, 아픈 사람은 병원에 무료로 갈 수 있다.

마찬가지로 우울증 등 정신적 질병을 겪는 사람들에게도 국가가 지원을 한다. 이것은 행복지수가 높으면서 동시에 항우울제 소비율이 높은 것을 설명해준다. 하지만 행복지수가 높다는 것이 반드시 항우울제 소비율이 높다는 것을 설명하거나 모순을 일으키는 것은 아니다.

- 행복한 사람들이
◦ 오래 산다?

사람은 자신의 노화를 마음대로 조정하지는 못하지만, 자신의 건강을 어느 정도는 통제할 수 있다. 건강식을 먹고, 정기적으로 운동을 하고, 알코올 섭취와 흡연을 최소한으로 줄여 신체적 건강을 유지하고 개선할 수 있다. 몸이 아프면 행복에 직접적인 영향을 끼치게 된다. 특히 환자가 지속적인 불안감이나 고통을 겪게 되면 더욱 불행해지고, 환자의 행복수준은 아주 심각하게 훼손된다.[36]

행복과 건강이 서로 영향을 미친다는 것은 당연한 일이다. 건강수준은 우리의 행복수준에 영향을 미치고 그 반대도 마찬가지이다. 행복은 우리의 면역체계를 강화하고 건강한 사람이 계속 건강하게 살아나가도록 도와준다. 이러한 사실을 학자들에게 처음 알려준 존재는 미국 수녀들이었다.[37]

1980년대 후반에 켄터키 대학 신경병학 교수인 데이비드 스노든David Snowdon이 이끄는 학자 그룹은 알츠하이머 병의 초기 증세에 대해 연구했다. 스노든과 동료들은 실험대상자들을 장기간 관찰했는데, 이 실험에서 노트르담 수녀들이 큰 도움을 주었다. 수녀들은 아주 동질적인 집단으로서, 장기간에 걸쳐서 안정된 생활방식을 공유했다. 음식이며 일, 취침시간이 여러 해에 걸쳐 똑같았다. 게다가 모든 수녀들이 1932년부터 개인 일기를 썼다.

스노든 팀은 수녀들의 일기를 정독했다. 모든 페이지와 모든 문장을 꼼꼼히 검토하여 긍정적이거나 부정적인 정서를 드러내는 단어와 표현만 따로 떼어냈다.

미국 밀워키 지방 노트르담 수녀원 소속의 한 수녀가 쓴 일기이다.

"노트르담 대학의 학생이었을 때 나는 아주 행복한 한 해를 보냈다. 나는 수녀 베일을 받아들고 하나님을 사랑하는 마음으로 하나님과 하나가 될 날을 기다렸다."

이것은 또 다른 수녀가 쓴 일기이다.

"나는 1909년 9월 26일에 태어났다. 나는 5녀 2남의 일곱 자녀 중 맏아이였는데 …… 나의 마지막 해에 노트르담 대학의 본관건물에서 학부 학생들에게 화학과 라틴어를 가르쳤다. 하나님의 도움을 받고 또 내 능력을 다 발휘하여, 우리 수녀원을 돕고, 하나님의 말씀을 퍼트리고 열심히 노력하여 언젠가 거룩한 사람이 되고 싶다."[38]

스노든 팀은 이 두 수녀의 일기에서 나온 긍정적 단어와 부정적 단어의 숫자를 센 뒤 첫 번째 수녀를 '아주 행복한' 범주에 넣었고, 두 번째 수녀는 '덜 행복한' 범주에 넣었다. 이런 식으로 노트르담 수녀원에서 나온 679개의 일기들을 분류했다. 스노든 팀의 연구결과는 이러했다.

덜 행복한 수녀들 중에서 겨우 40퍼센트만이 85세까지 살았다. 반면에 행복한 수녀들은 거의 90퍼센트가 그 나이까지 살았다. 행복한 수녀가 덜 행복한 동료 수녀보다 평균적으로 아홉 살을 더 살았다. 중증 흡연자와 비흡연자의 생존 연한 차이가 9년 정도였던 것을 감안하면 수녀들 사이의 이런 수치는 상당한 연한 차이라고 할 수 있다.

스노든 팀은 건강이 행복에 미치는 영향을 탐구한 첫 번째 그룹이었다. 그때 이후 많은 학자들이 건강과 행복의 연관성을 탐구하는 연구를 수행했다.

로테르담의 에라스무스 대학에서 인간행복을 위한 사회조건을 가르쳤던 명예교수 루트 벤호벤 Ruut Veenhoven이 그런 대규모 연구 중 하나를 수행했다. 벤호벤은 《행복학 저널 Journal of Happiness Studies》의 수석 편집인 겸 세계행복데이터베이스 World

Database of Happiness의 이사로서 행복학 분야의 개척자이다.

벤호벤은 건강과 행복의 관계를 탐구한 30건의 연구를 종합하면서 행복수준은 병든 사람이 얼마나 오래 살 것인지를 예측하지는 못하지만, 건강한 사람들의 행복과 기대수명 사이에는 강력한 상관관계가 있다는 결론을 내렸다.

벤호벤의 요약은 행복과 기대수명 간의 상관관계를 설명하는 여러 요인들을 알려준다. 행복수준이 높으면 암이나 치매 같은 심각한 질병을 예방하는 데 도움이 된다. 행복한 사람들은 그 두 질병에 걸릴 위험이 낮고 또 독감 같은 사소한 질병도 쉽게 물리친다.[39]

역학 및 보건 연구소Institute of Epidemilogy and Health Care의 소장인 앤드류 스텝토Andrew Steptoe 교수와 그의 동료이며 건강한 행동 연구소Health Behaviour Research Center의 임상심리학 교수인 제인 워들Jane Wardle은 최근에 52~79세 사이의 사람들 약 4,000명을 상대로 5년에 걸쳐 사망률을 연구했다. 처음에는 개인의 정서적 행복수준에 따라서 실험대상자를 세 그룹으로 나누었다. 5년에 걸친 연구과정에서 여러 중요한 차이점들이 세 그룹 사이에서 나타나기 시작했다. 가장 행복한 그룹에 속한 사람들은 사망률이 3.6퍼센트였으나, 중간 그룹과 가장 덜 행복한 그

4장 유전자가 행복에 영향을 미칠까? •157

룹은 각각 4.6퍼센트와 7.3퍼센트였다.

이 수치는 가장 행복한 그룹의 사람들이 연구가 진행되는 동안에 사망할 확률이 34퍼센트나 낮다는 것을 증명했다. 이 방정식에서 인구통계학적 요인과 건강 요인을 배제했을 때에도 그 확률은 그대로였다.[40]

다른 연구들은 행복이 장수와 관련되는 또 다른 인간행동에 영향을 미친다는 것을 증명했다. 행복과 '위험을 감수하는 행동' 사이에는 분명 관련이 있다. 행복한 사람들은 위험한 행동을 덜 하는 경향이 있었다. 자신의 삶에 만족하는 사람들은 좀 더 자기를 보호하는 방향으로 행동했다. 사다리에 올라가면 남들에게 좀 잡아달라고 요청했고, 전기다리미의 전원을 껐는지 두 번씩 확인했으며, 반드시 자동차의 안전벨트를 맸다.

다음은 미국과 영국의 경제학자들이 교통사고를 당한 사람들의 행복수준을 연구하면서 발견한 결과이다. 여러 해에 걸쳐서 약 1만 3,000명의 미국인들을 상대로 조사했는데, 사람들의 행복수준과 교통사고 사이의 상관관계를 발견하는 것이 목적이었다. 다시 말해 사고로 인해 사고 이전의 행복수준이 영향을 받았는지 여부를 살피는 것이었다.[41]

학자들은 상관관계가 있다는 것을 발견했다. 행복수준에 영향을 미치는 요인들과 안전벨트 착용 가능성을 배제한 이후에도 그 상관관계는 여전히 남아 있었다. 예를 들어 부유한 사람들은 더 행복하고 안전벨트 매는 것도 더 잘 기억한다. 그러나 이 데이터에 수정을 가한 이후에도 연결고리는 그대로 남아 있었다. 1년차의 행복지수가 높으면 2년차의 교통사고 위험이 낮았고, 실제로 교통사고가 발생했더라도 행복한 사람들은 안전벨트를 매고 있을 가능성이 더 높았다.

이처럼 행복은 우리의 건강과 사망률에 영향을 미친다. 문제는 어떻게 하면 이 사실을 예방 차원에서 실용적으로 사용하느냐 하는 것이다. 젊었을 때 운동을 하면 나이 들어서 건강을 유지할 수 있다는 전망이 젊은이들에게 운동을 하도록 만드는 충분한 유인책이 되지 못한다면, 가까운 장래에 행복할 수 있다는 전망 또한 유인책이 되지 못한다.

오늘날 우리가 건강에 대해 언급할 때 단지 신체적 건강이나 무병 상태만을 얘기하는 것이 아니다. 세계보건기구 WHO는 건강을 단지 질병과 고통이 없는 상태로 정의하는 것이 아니라, 온전한 신체적·정신적 건강에 더하여 사회적 웰빙을 누리는 상태라고 정의한다. 이 때문에 건강관리는 점점 더 정신건강, 웰빙, 완벽한 조화 등에 초점을 맞추게 되었다.

건강의 개념을 넓은 의미에서 보면 행복과 삶의 질이 포함된다. 〈세계행복보고서〉에 따르면 오로지 신체적 건강에만 집중하기보다는 "학교와 직장에서 정신건강에도 신경을 많이 써야 하고, 정신병을 예방하고 정신건강을 증진하려면 행복수준을 올려야 한다."

덴마크의 이전 정부는 정신건강 치료에 대한 새로운 국가적 목표를 세우고 유사한 정책방향을 설정했다. 앞으로 지구촌은 시민들의 정신건강, 체력, 삶의 질을 결정하는 요인들에 좀 더 많이 집중하게 될 것이다.

이 장에서 우리는 행복수준에 영향을 미치는 요인들을 살펴보았고, 나이와 유전자 등 우리가 통제할 수 없는 요인들도 검토했다. 만약 인간의 행복이 유전자에 의해 결정된다면, 우리 자신이 우리의 운명을 지배하는 유일한 주인이라는 생각을 버려야 한다. 오히려 어느 정도의 행복수준을 가지고 태어나는 것을 하나의 축복이라고 생각해야 한다. 우리는 더 이상 우리가 남들보다 더 행복하지 못한 것에 대하여 우리 자신을 탓할 필요가 없다.

이렇게 말한다고 해서 행복을 추구하는 노력을 그만두어야 한다거나 더 좋고 더 행복한 사회조건을 만들어내려는 노력을 포기해야 한다고 말하는 것은 아니다. 행복이 50퍼센트는 유전자의 영향을 받는다면 나머지 50퍼센트는 우리의 노력으로 개선할 수 있는 것이다.

이제 행복수준에 영향을 미치는 다른 요인들을 살펴보자. 행복연구자들이 가장 많이 받는 다음 질문에 대한 대답이 될 것이다.

"행복을 증진시키는 데 있어서 돈은 결정적 요인인가?"

5장

국가와 돈이
삶의 질을 결정할까?

lykken under lup

○ 덴마크는 '세계에서 가장 행복한 나라'로 평가된다. 1970년대에 행복조사가 시작된 이래 높은 행복수준을 유지해왔다. 그런데 세계에서 가장 행복한 나라에 사는 사람들이 자살을 하는 것은 역설인가?

○ 학자들은 국가적 차원이나 개인적 차원에서 부와 행복의 상관관계를 설명하려고 다양한 방법론을 구사하며 노력해왔다.

○ 인간은 사회적 존재이기 때문에 자기 자신과 남들을 비교하고, 행복은 소비수준의 영향을 받는다.

- 덴마크 사람들은
○ 얼마나 행복한가?

덴마크 사람들은 그들이 세계에서 가장 행복한 나라에 살고 있다는 얘기를 들을 때면 대부분 고개를 젓는다. 덴마크는 날씨도 말이 아닌데다 항우울제의 소비율도 높다. 혹여 2월의 어느 흐린 날 아침 출근하는 사람의 얼굴을 본 적이 있다면 고개 젓는 이유를 대번에 이해하게 될지도 모른다.

그런데도 덴마크는 최근 몇 년 동안 〈세계행복보고서〉를 비롯해 〈세계행복데이터베이스〉 등 여러 행복조사에서 1위를 차지해왔고, 해외 언론들도 꾸준히 주목하고 있다. 해마다 〈뉴욕타임스〉, 〈워싱턴 포스트〉, BBC 등 국제 언론매체는 이런 헤드라인으로 기사를 내보낸다.

"덴마크 사람들은 행복에 관하여 우리에 무엇을 가르쳐줄 수 있는가?"

"왜 덴마크 사람들은 그토록 행복한가?"

"덴마크, 지구상에서 가장 행복한 곳!"

"세계에서 가장 행복한 나라인 덴마크의 사람들은 어떤 삶의 취향을 갖고 있을까?"

〈세계행복데이터베이스〉는 아프가니스탄에서 예멘, 오스트레일리아에서 오스트리아에 이르기까지 전 세계 약 160개국으로부터 40여 년에 걸쳐 행복조사 결과를 수집해 데이터를 축적해왔다. 이 데이터 덕분에 행복연구자들은 장기간에 걸친 덴마크의 행복수준을 연구할 수 있었고, 1973년 이래 60건 이상의 조사를 실시한 결과 덴마크는 장기적 행복수준이 높고 지난 40년간 그 높은 수준을 계속 유지해왔다는 사실을 보여주었다. 그러니 덴마크의 행복은 요사이 갑자기 생겨난 일시적인 현상이 아니다.

장기적 행복에 대해 연구 발표한 2015년의 〈세계행복보고서〉에서 덴마크의 행복수준 평균은 7.5점이었다. 전년도에 비해 크게 떨어진 수치였다. 실제로 덴마크는 스위스와 아이슬란드에 밀려 3위로 떨어졌다. 〈세계행복보고서〉에 따르면, 158개 참가국의 행복수준이 차이 나는 요인은 '경제, 건강, 자유, 부정부패, 관대함, 사회적 교류' 6가지이다. 그러니 덴마크의 행복

순위가 3위로 떨어진 이유는 이 요인들 중에서 찾아야 한다.

그 전 두 번의 보고서에서 덴마크는 평균 7.8점으로 1위를 차지했는데 2위와의 차이도 매우 컸다. 그러나 2015년 보고서에서 보듯 덴마크가 항상 1위를 차지하는 것은 아니다.

7.5점은 높은 점수라 할 수 있을까? 보는 관점에 따라 달라질 수 있다. 평균이 3 내지 4에서 맴도는 시리아, 이라크, 르완다, 부룬디, 아프가니스탄, 중앙아프리카공화국 같은 나라들에 비해서는 확실히 높은 점수이다. 유럽 국가들 중에서는 전에 공산권에 속했던 나라들이 가장 덜 행복하여 평균이 5와 6 사이를 오간다. 상위권 국가들로는 노르웨이, 스웨덴, 핀란드, 네덜란드, 캐나다, 스위스 등이 있고, 상위 10개국은 대부분 7.5점 정도의 평균을 유지하고 있다.

덴마크는 국제사회의 정치인, 학자, 언론 사이에서 주목을 끌고 있다. 사회학자들은 종종 사회적 시스템의 현대화 노력을 묘사할 때 '덴마크 닮아가기'라고 표현하는가 하면, 행복연구자들은 '덴마크 효과'의 의미를 추출해내려고 노력한다.[42]

그러나 국제사회의 정치인, 학자, 언론 미디어가 보여준 폭넓은 관심을 기뻐하기 전에 몇 가지 거리끼는 점을 고려해보아야 한다.

먼저, 덴마크가 모든 행복조사에서 1위 자리를 차지한 것은 아니라는 점이다. 덴마크는 생활 전반을 다루는 인지평가적 조사에서는 늘 높은 점수가 나왔지만, 일상적으로 느끼는 행복을 다루는 정서적 조사에서는 점수가 낮았다.[43]

또한 조사에서 덴마크만 1위를 달리는 것은 아니었다는 점에도 주목해야 한다. 다른 북유럽 국가들도 점수가 좋았고, 네덜란드와 스위스도 상위권이었다.[44]

게다가 이 순위는 평균에 근거해 매긴 것임을 잊어서는 안 된다. 나라 전체로서는 행복조사에서 거의 항상 1위를 차지한다고 해도, 덴마크에는 분명히 불행한 사람들이 있다. 이 불평등의 문제는 7장에서 다룰 것이다.

- 행복한 나라에서
  ◦ 자살을 선택하는 사람들

덴마크에서는 매해 500명이 넘는 사람들이 자살한다. 소위 '지구상에서 가장 행복한 나라'에서 교통사고 사망자보다 스스로 목숨을 끊는 사람의 수가 더 많은 것이다. 덴마크처럼 행복한 나라에 왜 자살하는 사람들이 있는 걸까?

다행스럽게도 덴마크에서는 최근 수십 년간 자살률이 크게 떨어졌다. 자살률은 인구 10만 명당 자살자 수가 얼마나 되는지를 계산한 수치인데, 1980년에는 10만 명당 40명이 자살했지만, 2013년에는 11명으로 줄어들었다.

이러한 수치는 서구 세계의 여러 나라들과 비슷한 수준이다. 노르웨이, 아이슬란드, 오스트리아, 벨기에, 핀란드, 아일랜드, 뉴질랜드, 스위스, 미국, 캐나다 등의 자살률은 10~15 사이이다. 자살률이 높은 나라들로는 리투아니아, 러시아, 우크라이나, 일본, 대한민국 등을 꼽을 수 있는데 자살률이 25~35 사이를 오간다.

덴마크는 35년 전만 해도 세계에서 자살률이 아주 높은 나라였으나 지금은 그렇지 않다. 하지만 행복지수가 아주 높은 나라에서 해마다 수백 명이 자살한다는 것은 역설적이다.

영국 워릭 대학의 학자들은 미국 내 여러 주의 자살률과 행복수준을 비교하는 방식으로 이 역설을 연구했다. 그 연구결과를 모아 《암울한 대조: 행복한 주일수록 자살률이 높아지는 역설 Dark Contrasts: The Paradox of High Rates of Suicide in Happy Places》이라는 책을 발간했는데, 어떤 주가 행복하면 할수록 자살률도 따라서 높아진다는 결론을 내렸다. 이들은 이러한 현상을 우울한 사람들이 겪는 '상대적 박탈'로 설명했다. 불행한 사람들 사이에서 자신의 불행을 견디는 것은 가능하지만, 다른 사람들은 다 행복한데 자신만 슬픈 것을 어떤 사람들은 견디지 못하는 것이다. 바로 그 점 때문에 자살의 가능성이 높아지는 것이다. 모든 사람이 불행하고 똑같이 고통받는 사회에 사는 사람들은 오히려 고통을 받아들이기가 한결 쉽다.

게다가 어떤 사회가 가난과 불안정 같은 불행의 외부적 원인들을 성공적으로 퇴치한다면 그런 원인들은 더 이상 불행을 설명하는 요인이 되지 못한다. 그리하여 불행의 외부적 요인들이 모두 제거되면 사람은 결국 자기 자신을 비난하게 된다.

이런 슬픈 결론은 우리에게 교훈을 준다. 다른 나라들보다 성적이 좀 더 좋기 때문에 더 행복한 국가라고 평가될 뿐 덴마크가 현대판 유토피아나 샹그릴라가 아니라는 것이다. 그러니 아직도 개선해야 할 여지가 많고 극복해야 할 장애도 많다. 즉 세계에서 가장 행복한 나라에 산다고 해서 모든 덴마크인이 행복하다는 뜻은 아니다.

여기서 건강 통계수치를 한번 살펴보자. 일본인의 기대수명은 세계에서 가장 높은 축에 속하는데 평균 수명이 85세나 된다. 그렇다고 해서 일본인들 중 젊어서 죽는 사람이 없다고 말하는 건 아니다. 단지 덴마크의 '평균' 행복수준이 높듯이, 일본의 '평균' 기대수명이 높다는 것일 뿐이다. 어떤 덴마크인은 평균보다 더 행복한 반면, 어떤 덴마크인은 평균보다 덜 행복하거나 훨씬 덜 행복하다.

그렇다면 덴마크는 왜 글로벌 비교에서 그토록 높은 점수를 얻는 것일까? 덴마크 사람들의 높은 행복수준은 어떻게 설명할 것인가? 왜 어떤 나라는 다른 나라들에 비해 더 행복한가? 그 이유를 살펴보자.

- 가난한 사람들이
- '덜 불행한' 나라

덴마크 사람들은 자기가 살고 있는 곳이 매우 안전하다고 느낀다. 덴마크의 거리는 밤에 산책해도 좋을 만큼 안전하다. 그러나 이보다 더 중요한 것은, 덴마크의 복지제도가 질병, 노령화, 실업 등에 따르는 많은 근심거리들을 제거해주었기에 덴마크에서의 삶이 안전하다고 느끼게 해준다는 사실이다. 덴마크에서는 아픈 사람들은 무료로 병원치료를 받을 수 있고, 실업자는 어느 단계까지는 국가의 지원을 받으며 다음을 준비할 수 있고, 노인들은 집에서 도움을 받거나 양로원에 들어갈 수 있다. 전 세계 수십 억 명의 사람들이 이런 공공서비스의 혜택을 받지 못해 비참하게 살아가고 있는데, 덴마크는 이런 불안과 공포의 원인들을 상당수 제거함으로써 덴마크 사람들의 삶의 질을 크게 개선시켰다.

사회안전망의 문제가 덴마크에서는 상당수 해결되었지만, 미국 같은 나라에서는 사정이 아주 다르다. 그곳에서는 실업자가 되거나 보험을 들지 않은 상태에서 갑자기 아프기라도 하면 모든 것을 잃을 위험에 처하게 된다. 이 때문에 저소득층의 행복수준이 나라에 따라 그렇게 차이가 나는 것이다. 이 점은 또한 가난한 사람들이 다른 나라보다 덴마크에서 상대적으로 더 행복한 이유도 설명해준다.

2009년에 미국의 로버트 비스워스 디너 Robert Biswas Diener와 에드 디너 Ed Diener가 노르웨이의 요아르 비테르쇠 Joar Vitterso와 함께 덴마크인과 미국인 사이에 나타나는 행복수준의 차이에 대해 탐구한 연구서를 발간했다. 그들은 그 차이를 이해하려면 먼저 가난한 사람들의 사회적 환경과 행복관에 대해 반드시 알아야 한다고 말한다. 덴마크나 미국이나 부유한 사람들은 거의 비슷한 정도로 행복한 반면, 저소득층의 행복수준은 현저히 달랐기 때문이다. 덴마크의 사회안전망은 미국의 제도보다 훨씬 안정적으로 실업자들의 복지를 돌보기에 소득이 낮은 덴마크인들이 같은 처지의 미국인들보다는 더 행복하다.

국제 행복조사에 따르면, 자신을 불행하다고 생각하는 덴마크인은 그리 많지 않다. 덴마크 사람들에게 전반적인 행복수준을 물었을 때 0에서 10까지의 척도 중 5점 이하라고 대답한 사람은 5퍼센트 미만이다. 그런데 불가리아나 우크라이나같이 행복도가 낮은 유럽 국가들에서 똑같은 질문을 하면 5점 이하라고 답하는 사람이 50퍼센트가 넘는다.

덴마크의 평균이 높은 한 가지 이유는 자신을 불행하다고 느끼는 응답자가 비교적 적기 때문이다. 달리 말하면, 덴마크는 극단적인 불행을 감소시키는 방법을 찾아냈다고도 볼 수 있다. 이것이 바로 덴마크가 행복조사에서 늘 높은 점수를 얻는 핵심 이유이기도 하다. 덴마크는 빈곤의 고통을 없애고 사회안전망의 수준을 높이는 데 크게 집중한다. 당연히 행복수준의 평균이 높아지게 된다.

사회안전망의 중요성을 보여주기 위해, 2008년의 금융위기에 대해 간단히 살펴보자. 미국에서 갤럽은 일일 단위로 미국의 행복수준을 조사하여 발표하는데, 이 정보를 통해 주식시장의 등락이 일반 대중의 행복에 어떤 영향을 미치는지 측정할 수 있다. 이 정보로 2008년 말 금융시장이 붕괴되었을 때 어떤 영향을 가져왔는지도 살펴볼 수 있었다.

당시 비교적 단기간에 대부분의 연금증권과 포트폴리오의 가치가 급격하게 떨어졌는데, 이것이 사람들의 분위기에 영향을 미친 것은 맞다. 그런데 나라의 전반적인 분위기에 훨씬 더 큰 영향을 미친 것은 금융시장 폭락 자체보다는 오히려 범국가적인 '불안감'이었다.

시장이 요동치고 불안감이 지배할 때 전반적인 만족감의 수준은 사상 최저였다. 그런데 만족감의 수준이 다시 상승하기 시작한 건 놀랍게도 시장이 아예 바닥을 치고 안정되기 시작했을 때였다. 이 시점에서 사람들이 막대한 금액을 잃었고 전보다 형편이 좋지도 않았는데 이런 반등이 일어났던 것이다. 이런 결과는 다른 지역의 연구들에서도 나타났다. 이것은 위기로 인해 재정 상태가 안 좋아진 것보다도 위기로 인해 발생한 '불안감'이 사람들의 행복에 더 큰 영향을 미친다는 것을 여실히 보여준다.

이러한 점에서 볼 때 사회안전망이 갖춰진 덴마크 모델은 불안감을 줄여주고, 이는 다시 사람들의 행복을 증가시킨다.

- 정치와 사회에 대한
- 신뢰가 갖는 힘

덴마크 방문객들이 항상 깜짝 놀라는 장면이 있다. 덴마크 부모들이 유모차 속에 잠든 아이를 거리낌 없이 거리에 놔두고 일을 보는 장면이다. 아이가 카페 밖에서 낮잠을 자는 동안 엄마와 아빠는 안에서 커피 한 잔을 즐길 수도 있다. 놀랍지만 이것은 사람들이 서로를 믿는 사회에서 어떻게 일이 돌아가는지 보여주는 한 가지 사례일 뿐이다.

2011년 세계적인 경제잡지 《포브스Forbes》의 에리카 앤더슨Erika Anderson은 덴마크가 행복조사에서 늘 1위를 달리는 이유를 알아보고자 덴마크를 방문했다. 어느 날 그녀가 잠깐 타보려고 말을 빌리러 갔을 때 안타깝게도 그 말 대여소는 신용카드를 받지 않았다. 현금이 없어 당황하자 업소 주인은 말을 돌려줄 때 현금을 가져오라며 말을 내주었다. 그 일로 크게 감동을 받은 그녀는 자신이 찾고 있던 답을 알아냈다고 생각했다. 덴마크인들은 서로 믿기 때문에 행복한 것이다.[45]

에리카 앤더슨의 결론은 단발 사건에 바탕을 둔 것이지만, 말 대여소 에피소드는 덴마크의 신뢰수준을 잘 보여준다. 덴마크 사람들은 서로 신뢰한다. 가족과 친구들 사이에서만 그렇게 하는 것이 아니라 낯선 사람들에게도 그렇다.

대부분의 행복연구자들은 어떤 나라가 다른 나라보다 더 행복한 이유 중 하나로 높은 신뢰수준을 꼽는다. 신뢰는 다음과 같은 질문으로 측정해볼 수 있다.

"일반적으로 말해서, 당신은 대부분의 사람들을 신뢰할 만하다고 생각합니까, 아니면 남들을 상대할 때에는 아무리 조심을 해도 모자라다고 생각합니까?"

조사를 통해 공동체의 신뢰수준과 행복수준 사이에 분명한 상관관계가 있음을 알 수 있었다. 북유럽 국가들은 신뢰에 관한 세계 기록을 갖고 있다. 북유럽 사람 4명 중 3명은 대부분의 사람들을 신뢰할 수 있다고 답했다. 세계의 나머지 국가들에게 같은 질문을 하면 신뢰한다는 수치는 4분의 1로 떨어진다.[46]

이런 상관관계는 우연의 일치일 수도 있지만, 신뢰와 행복이 인과적으로 연결되어 있다면 어떨까?

신뢰가 행복의 원인이 될 수 있을까?

신뢰를 행복의 원인이라고 보는 이론에 따르면, 신뢰는 공동체에 있는 모든 사람에게 삶을 더 편리한 것으로 만들어준다.

'잠시 쇼핑할 동안만 유모차의 아이를 맡길 수 있을까?'

'식당을 나설 때도 옷이 없어지지 않고 걸려 있을까?'

'신용카드가 잘 안 돼서 손님에게 물건을 가져가고 나중에 돈을 가지고 오라 했는데 그 손님이 가지고 올까?'

신뢰하는 사회에서는 이런 일상적인 걱정은 이제 그만해도 된다. 하지만 신뢰는 공중에서 저절로 만들어져 나오는 것이 아니다. 우리는 성실하게 노력함으로써 서로의 신뢰를 얻어야 한다. 《리더스 다이제스트 Readers Digest》가 유럽의 여러 도시에서 실시한 사회실험을 살펴보자.

실험주관자들은 거리 군데군데에 지갑을 일부러 떨어트렸다. 그 지갑에는 하루치 일당 정도 되는 현찰과 지갑의 주인을 알게 해주는 신분증이나 그 비슷한 게 들어 있었다. 돈이 들어 있는 상태로 모든 지갑이 주인에게 돌아온 나라는 딱 둘이었는데 노르웨이와 덴마크였다. 다른 유럽 국가들에서 돈이 들어 있는 상태로 지갑이 돌아온 경우는 절반 정도였다.[47]

돈이 고스란히 든 채로 지갑을 돌려받았다는 것은 멋진 일

이지만, 다른 사람들을 믿을 수 있고 또 그들이 우리의 원상회복을 바랐다는 걸 깨닫는 것은 더욱 멋진 일이다.

자신의 삶을 자신이 통제하고 있다고 느끼는 사람들은 그렇지 못한 사람들보다 행복하다. 자신이 살고 있는 사회에 영향을 미칠 수 있다고 느낀다면 평균 수치 이상으로 행복을 느끼게 된다. 조사에 따르면 잘 발달된 민주적인 제도를 갖춘 나라의 국민이 삶에 대하여 더 행복감을 느낀다고 한다.[48]

일반적으로 덴마크 유권자들은 상당히 높은 수준으로 정치인들을 신뢰한다. 대부분의 덴마크 사람들은 정치적 결정에 참여하며, 행정능력이 뛰어나고 부패 수준이 낮은 나라에서 건강한 민주주의를 누리고 있다. 덴마크가 행복조사에서 상위권을 달리는 이유는 바로 이런 여러 요인들 때문이다.[49]

바젤 대학의 행동학 교수 브루노 프레이 Bruno S. Frey 는 행복과 민주주의의 상관관계를 연구했다. 프레이에 따르면, 건전한 민주적 제도들은 시민들의 행복수준에 강력하면서도 긍정적인 영향을 미친다. 그러나 민주적인 제도 그 자체가 긍정적인 효과를 갖고 오는 것이 아니다. 우수한 행정능력이 따라야 행복에 적극적인 영향을 미칠 수 있는 것이다. 우수한 행정이란 사람들이 자유롭게 그들의 삶을 형성해나갈 수 있고, 개방적이고 공정하며 효율적인 정치체제를 누릴 수 있게 하는 것을 의미한다.[50] 지방 정치가 인맥과 뇌물로 굴러간다면 국민의 행복에는 큰 고통이 따르게 된다.

유엔, EU, 지역정치인 등을 신뢰하는 국민이 많을수록 그 나라의 전반적인 웰빙수준도 높아진다. 덴마크에는 부패가 거의 없고, 이것은 덴마크 사람들이 정치체제를 신뢰하도록 해주기 때문에 덴마크 사람들을 더 행복하게 만든다.[51]

정치적 결정을 분산시켜 탈중앙집중화시키고 직접 민주주의를 이끄는 것은 행복수준에 긍정적인 영향을 미친다.[52] 덴마크에서는 EU에 관련된 문제만 국민투표를 할 정도로 국민투표가 드물다. 덴마크의 정치권력이 다른 나라들에 비해 상대적으로 분산되어 있는 것이다. 지방자치단체는 지역의 문제는 지역에서 해결한다는 원칙을 갖고 있다. 특정 지역의 유치원 숫자나 노인 지원금 등의 문제는 해당 지역의 정치인이 결정한다는 뜻이다.

2012년에 월드뱅크는 전 세계 182개국의 탈중앙집중화 수준을 조사했다. 이 조사는 국가예산이 어느 정도 수준으로 지방에서 집행되는지 살펴보기 위해 국가예산 대비 지방예산이

차지하는 비중을 조사했다. 그 결과 지방에서 국가예산을 가장 많이 집행한 나라는 덴마크였다.[53]

지방자치제와 지방선거는 시민들에게 자신들의 일상생활과 관련 있는 정책에 영향력을 행사할 기회를 준다. 지방자치제는 덴마크인들이 누리는 자유의 한 가지 사례이다. 덴마크 헌법에 나와 있듯이 개인의 자유는 침범할 수 없는 것이다. 덴마크 국민은 그 누구라도 정치적 신념이나 종교적 신념, 혈통, 성별 혹은 성적 취향 때문에 자유를 박탈당하지 않는다. 덴마크 시민에게는 언론의 자유가 있고, 사전 허가 없이 얼마든지 집회와 시위를 벌일 권리가 있다. 예전에는 책과 신문 등을 금지시키고 불태우기도 했지만 오늘날에는 자유롭게 말하고 쓰고 또 자신의 사상을 널리 표명할 수 있다. 물론 자신이 말하고 쓴 것에 대하여는 책임을 져야 한다.[54]

우리는 우리가 살아가는 방식을 결정할 권리를 가지고 태어났다. 누구나 부모의 소득과 상관없이 교육을 받을 수 있고, 성별과 상관없이 우리가 좋아하는 사람과 결혼할 수 있다. 우리의 의사를 자유롭게 표현하고, 자유롭게 여행을 다니고, 자유롭게 생각할 수 있다. 이런 권리들이 모두 합쳐져서 덴마크를 행복한 나라로 만드는 것이다.

- 부유한 사람이 가난한 사람보다
○ 더 행복한가?

대부분의 나라들은 경제적 성장을 이루려고 노력한다. 앞에서 이미 말한 것처럼 국민총생산은 한 나라의 생활수준을 보여주는 전통적인 측정수단으로 국가 간 비교자료로 활용된다. 국민총생산은 여전히 한 국가의 웰빙을 측정하는 유용한 수단으로 간주된다.

그렇다면 부와 웰빙은 어떻게 서로 연결되는가?

부유한 사회가 가난한 사회보다 더 행복한가?

국가예산은 사람들의 행복에 어떤 영향을 미치는가?

부는 우리의 행복에 확실히 영향을 미친다. 특히 장기적인 행복은 부의 영향을 많이 받는다. 돈이 반드시 행복을 보장해 주는 것은 아니지만 돈이 없으면 생활이 비참해진다. 돈이 있어야 음식, 의약품, 주택, 기타 생활필수품을 사들일 수 있다. 지구상의 어떤 곳에서는 돈이 없으면 파멸하는 사람들도 있다. 돈이 부족하면 개인이나 가정에 불안감이 생기고, 불안감은 흔히 그렇듯 불행의 원인이 된다.

결과적으로, 부유한 나라들의 행복수준은 언제나 가난한 나라들보다 높다. 전 세계적으로 국민총생산과 행복수준을 비교해보면 더욱 분명해진다. 부는 행복수준에 영향을 미친다. 부는 행복의 유일한 요인도 아니고 또 가장 중요한 요인도 아니지만, 상당한 영향을 미치는 것이다.

부유한 나라가 가난한 나라보다 더 행복하다면, 이것이 한 나라 안에 있는 서로 다른 지역들에도 해당될까? 부유한 사람들이 가난한 사람들보다 더 행복할까? 대답은 '그렇다.'이다. 부와 행복은 개인적인 차원뿐만 아니라 국가 차원에서도 상관관계가 있다. 부유한 나라와 부유한 개인은 전반적으로 더 행복하다. 적어도 장기적인 관점에서 보면 그렇다. 이 문제는 잠시 뒤에 다시 살펴보자.[55]

이런 패턴은 덴마크 같은 개별 국가에서도 나타나지만, 5만 명이 넘는 응답자의 답변을 토대로 한 〈유럽사회조사〉 같은 대규모 국제 조사에서도 동일한 패턴이 발견된다. 일반적으로 사람들은 돈을 더 많이 벌수록 더 행복해진다. 돈이 사람을 행복하게 만든다고 주장하는 것은 잘못된 것이지만, 돈이 부족하면 설사 직접적으로 생존의 위협을 받지는 않는다 하더라도 누구나 걱정과 스트레스를 받을 수 있다.

이 지점에서 행복은 여러 가지 형태로 오고 또 다른 방식으로 인식되고 측정된다는 것을 상기할 필요가 있다. 부가 곧 행복이라는 주장은 문제를 너무 단순화시킨 것이다. 우리가 이미 알다시피, 돈은 장기적인 행복과 단기적인 행복에 서로 다른 방식으로 영향을 미친다.

앞에서 인용했던 대니얼 카너먼 교수와 프린스턴 대학의 앵거스 디턴 Angus Deaton 교수가 이 현상을 연구했다. 미국인 45만 명에게서 나온 데이터를 바탕으로 두 교수는 소득수준과 두 타입의 행복 즉 인지평가적·정서적 차원의 행복 사이의 연관성을 찾기 시작했다.

45만 명의 미국인들에게는 다음 두 가지 질문을 던졌다.

"전반적으로 말해서 당신은 얼마나 행복합니까?"

"어제 당신은 좋은 순간이나 나쁜 순간이 있었습니까?"

이 연구는 소득과 행복이 실제로 상호 연관되어 있다는 것을 보여주었다. 장기적인 행복수준은 소득이 높은 사람이 더 높았다. 그러나 일상적인 수준에서 느끼는 행복감과 단기적인 행복에 대해서는 얘기가 달라졌다.

설사 소득이 높으면 단기적 행복수준도 더 높게 유지할 가능성이 많다고 해도, 이는 연소득 7만 5,000달러 정도 이하에만 해당하는 얘기이다. 연소득이 이 금액보다 높다고 해서 그 이상의 추가분의 행복을 누리지는 못한다. 달리 말해서 사람들의 장기적 행복은 연봉 인상과 정비례하여 높아지지만, 단기적 행복은 일정 수준의 소득에 도달할 때까지만 높아질 뿐이다. 소득이 일정 수준을 넘으면 일상생활은 크게 나아지지 않는 것이다. 이것은 '돈이 사람을 행복하게 만들지는 않지만 돈이 부족하면 비참함, 불안, 스트레스를 가져온다.'는 이론을 뒷받침한다.

결론적으로 돈은 단기적 · 장기적 행복에 영향을 미치지만, 단기적 행복에 미치는 영향은 제한적이다.

단기적 행복은 왜 소득이 일정 수준에 이를 때까지만 증가하는지 그 이유를 설명하려면 '한계효용체감의 법칙 Law of Diminishing Marginal Returns'을 이해할 필요가 있다. 이 법칙을 설명하기 위해 생일 케이크를 하나 대령했다. 휘핑크림, 마카롱, 아몬드와 달걀과 설탕을 섞어 만든 마지팬, 반들반들한 표면……, 먹고 싶은 유혹을 도저히 거부할 수가 없다. 방금 이 케이크 한 조각을 한 입 베어 물었다고 상상해보라. 그야말로 신의 맛이다! 한 조각을 다 먹고도 계속 먹고 싶은 마음에 다른 조각을 집어 든다. 두 개째도 여전히 맛있지만 처음 먹을 때만은 못하다. 세 개째는 어떨까? 이번엔 절반쯤 먹다가 그만둔다. 당연히 네 번째 권유를 받으면 곧바로 거절한다.

이것은 '한계효용체감'의 구체적 사례이다. 케이크를 더 많이 먹을수록 맛을 덜 즐기게 된다는 것이다. 세 번째 조각의 맛은 첫 번째 것과 비교가 안 된다. 이러한 현상은 재화나 서비스를 한 번 더 이용하면 각자가 느끼는 만족은 점점 줄어든다는 것을 의미하며, 이것은 재정문제를 포함하여 여러 상황에서 하나의 지침이 되는 원칙이다.

세계적으로 유명한 레고LEGO 장난감의 발명자인 키르크 크리스티얀센Kirk christiansen 가문은 덴마크 최고의 부자 집안이다. 그들의 놀라운 발명품은 전 세계 수백만 어린이들과 어른들에게 즐거움을 안겨주었고, 이 가문은 75억 유로로 추정되는 재산을 가지고 있다. 키르크 크리스티얀센 가문의 경우, 연간 수입이 수천 유로 줄어든다고 해도 별 문제가 되지 않을 것이다. 반면에 일반 가정에서 그 정도가 축나버리면 당장 휴가 계획에 차질이 생길 것이다. 결론적으로 어느 정도 수준에 오른 부자들은 그 수준에서 추가로 돈을 더 벌어들인다고 해서 그 중요성이 그만큼 더 커지는 것은 아니다. 이것이 디턴과 카너먼이 미국인들의 수입을 연구해서 얻는 결과이다.

그런데 돈이 행복에 영향을 미치는 이야기에는 또 다른 반전이 있다. 부가 어느 정도까지는 행복을 증진시키지만, 부에 대한 추구는 때때로 부정적인 영향을 미친다는 것이다. 우리가 돈을 가지고 있는 것은 좋은 일이지만, 더 많은 돈을 원하는 것은 그리 권할 일이 못 된다. 물질적인 것을 갈망하며 더 많이 벌기 위해 노력하는 사람들은 일반적으로 덜 행복하다.[56]

- 소득이 늘어도
- 행복은 늘지 않는 이유

우리는 이미 부유한 국가와 부유한 개인들이 가난한 국가와 가난한 개인들보다 더 행복하다는 것을 살펴보았다. 그렇다면 이것은 그들이 살고 있는 나라가 더 부유해질 때 개인들도 더 행복해진다는 것을 의미하는 걸까? 꼭 그렇다고 할 수는 없다.

덴마크를 보면 국민총생산이 1981~2010년까지 60퍼센트 성장했으나 국가적인 행복의 수준은 영향을 받지 않았다. 덴마크 사람들은 이 기간 동안 평균 60퍼센트 정도 임금이 인상되었지만, 그것은 전반적인 행복수준에는 영향을 미치지 않았다.

이러한 현상을 '이스털린의 역설Easterlin Paradox'이라고 한다. 남부 캘리포니아 대학의 경제학 교수인 리처드 이스털린Richard Easterlin의 이름을 딴 것이다. 1974년에 이스털린은 〈경제성장은 인간의 운명을 향상시키는가?Does Economic Growth Improve the Human Lot?〉라는 보고서를 발간했다. 이 보고서는 1946~1970년 사이에 다양한 나라들의 성장과 행복의 상관관계를 연구한 것인데, 부유한 국가와 개인들은 가난한 국가와 개인들보다 더 행복했다는 것을 발견했다. 그러나 미국의 경우는 달랐다. 미국은 같은 기간에 믿을 수 없을 정도로 국부가 늘어났는데도 미국 사람들은 그에 비례하여 행복해지지 않았다. 오히려 덜 행복해졌다.[57]

이 역설은 다른 나라들에서도 발견되었고, 이스털린의 결론은 그의 연구서가 나온 이래 많은 논의와 비판의 대상이 되어 왔다. 이스털린의 역설에 대한 비판자들 중에는 미시간 대학의 공공정책 부교수이자 오바마 행정부 경제자문위원회의 전 위원 베치 스티븐슨Betsey Stevensen과 미시간 대학의 공공정책 겸 경제학 교수 저스틴 울퍼스Justin Wolfers가 있다. 울퍼스와 스티븐슨은 이스털린이 미국의 역설을 설명하기 위해 '한계효용체감'을 적용한 것에 대하여 반론을 폈다. 이 논쟁은 아직도 미해

결 상태이며 학자들은 부의 증가가 국가의 행복에 어떤 영향을 미치는지에 대해 여전히 논의하고 있다.

2010년에 이스털린은 자신의 역설을 옹호하고자 새로운 보고서를 발간했다. 이번에는 12~34년에 달하는 기간에 37개국에서 수집한 데이터를 조사했다. 이 보고서에 게재된 칠레와 중국의 사례연구를 보면, 이 두 나라는 지난 20년 동안 소득수준이 두 배로 증가했으나 장기적인 행복수준은 정체되거나 심지어 약간 떨어졌다.

'부유한 국가와 개인은 그렇지 못한 국가와 개인보다 더 행복하지만, 경제가 번영하는 시기에 사람들이 더 행복해지는 것은 아니다.'라는 이스털린의 역설은 논쟁의 대상이 되어 왔다. 따라서 이 역설을 지지하는 몇몇 이론을 살펴볼 필요가 있다.

첫 번째 이론은 한 나라가 번영한다고 해도 그 번영이 반드시 골고루 균등하게 분배되지는 않는다는 사실을 지적하면서 이스털린의 역설을 지지한다. 미국 같은 나라들에서는 새로 창출된 부의 거의 대부분이 상위 10퍼센트에게 집중된다. 또한 미국 사회는 전반적으로 볼 때 국민의 행복에 부정적인 영향을 미치는 방식으로 발전해왔다. 그런 원인을 제공하는 요인들로는 점점 더 늘어나는 사회적 불안정, 사회적 결집력의 감소, 정치에 대한 불신 등이 있다.

　두 번째 이론은 시간이 지나면 사람들이 높은 소득수준에 익숙해지고 그에 따라 물질적 기대치도 높아진다고 주장하면서 이스털린의 역설을 지지한다. 사람들은 봉급이 오르기를 바라고 더 큰 차를 갖고 싶어 한다. 봉급이 인상될 때마다 좋아하고 새로운 기회를 즐기지만, 물질적 기대치가 높아짐에 따라 그에 걸맞은 행복을 성취하는 것은 점점 더 어려워지고 있다.

　주방이나 욕실을 새로 설치하고 나면 한동안은 만족하지만, 우리의 욕망은 더 높은 꿈 주위에서 맴돌기 시작한다. 그 꿈이 성취되기 전까지 인간은 진정으로 영원히 행복하다고 말할 수 없을 것이다.

　부의 증가가 그에 상응하는 행복을 가져다주지 못하는 상황을 설명하는 세 번째 이론은 다음의 이야기로 가장 잘 설명할 수 있다. 두 남자가 아프리카의 사바나 지역을 걸어가고 있을 때 갑자기 배고픈 사자가 나타났다. 두 남자는 무조건 달리기 시작했다.

　"우리는 사자보다 빨리 달릴 수 없어요." 한 남자가 말했다.

　"그럴 필요 없어요." 다른 남자가 대답했다. "나는 당신보다 더 빨리 달리기만 하면 되는 걸요."

이 이야기의 핵심은 두 남자의 상대적 관계가 아주 중요하다는 것이다. 월 5,000유로의 봉급과 월 1만 유로의 봉급 중 어떤 것이 더 매력적인지는 너무나 분명하다. 그러나 이 두 봉급을 상대적인 것으로 만들어버리면 사태는 훨씬 복잡해진다.

가령 아래의 두 세계 중 어느 하나에 산다고 상상해보자.

A라는 세계에서 당신의 연봉은 5만 유로인데 다른 모든 사람들의 연봉은 2만 5,000유로이다.

B라는 세계에서 당신의 연봉은 10만 유로인데 다른 모든 사람의 연봉은 20만 유로이다.

그리고 두 세계의 물가와 생활비용은 동일하다.

A세계에 살면 B세계에 살 때에 비하여 절반 정도만 소비할 수 있지만 남들에 비하면 두 배나 더 소비할 수 있다. 즉 A세계에 살 때 절대 수입은 낮지만 상대 수입은 더 높다. 둘 중 어떤 세계에 살고 싶은가?

이 질문은 1998년에 하버드 대학 학생들에게 가장 먼저 던져졌는데, 대부분의 학생들이 A세계를 선택했다. 그들은 다른 세계에 비하여 덜 벌더라도, 이웃보다 더 많이 벌 수 있는 세계에 사는 것을 선호했다.

그렇다면 그들은 왜 적극적으로 가난하게 사는 것을 선택했을까? 왜 덜 소비하는 쪽을 선택했을까? 그 대답은 간단하다. 개인의 행복은 부분적으로 그 개인의 사회적 지위에 달려 있기 때문이다.

- 행복은 남들과의
- 비교 속에서 온다?

사람들은 행복이 다른 사람들에 비하여 얼마나 많이 버는지를 포함하여 남들과 비교했을 때 상대적 지위가 어떠냐에 달려 있다고 여긴다. '충분하다'는 것도 남들이 얼마나 가지고 있는가에 따라 달라질 수 있다.

사람들은 항상 자신을 남들과 비교한다. 이웃과도 비교하고, 가족끼리도 비교한다. 방금 연봉협상을 마치고 돌아와 이제는 당신보다 더 많은 봉급을 받게 된 홍보부의 직원과 같은 공간에 근무하는 것은 짜증나는 일이다.

어떤 이유로 인해 사람들은 자신보다 약간 높은 지위에 있는 사람과 자신을 비교한다. 속담대로 '뱁새가 황새 따라가는' 격이다. 이렇게 자신과 비교하여 남들은 어떻게 하는지 신경 쓰는 데는 생물학적 이유가 있다. 그 이유를 말해주는 '지배하는 수컷과 복종하는 암컷'에 대한 오래된 이야기가 있다. 알파 수컷은 만나는 모든 암컷과 짝짓기를 함으로써 자신의 유전자를 널리 퍼트린다는 이야기이다. 당신은 자신이 속한 그룹 내에서 핵심적인 지위를 차지하고 있는가, 아니면 주변적인 지위에 있는가?

소속 집단 내에서의 지위 싸움은 인간의 본성에 깊이 내재되어 있는 것이며, 지배의 사다리에서 자신이 차지하는 상대적 지위는 자신의 감정에 강하게 영향을 미친다. 이 때문에 사람들은 위계位階의 사다리에서 자신을 하위계층으로부터 멀어지게 하려고 그처럼 애를 쓰는 것이다. 사람들은 높은 지위를 뽐내고 싶어 하고, 자신이 실제보다 더 잘나간다고 상상하기를 좋아한다.

계급 내의 사회적 구분이 불명확한 공동체에 사는 사람들은 위의 계급으로 올라가려는 경향을 보인다. 남들에게 자신의 지위가 높다는 것을 확신시키려고 바로 위 집단의 소비패턴을 모방한다.

오늘날 대출, 할부, 신용카드는 현실적으로 감당할 수 없는 소비수준 모방을 위험할 정도로 간단하게 만든다. 신용만으로 외상, 할부가 가능해진 환경과 상류층을 모방하려는 본능적 소망이 합쳐져 엄청 파괴적인 칵테일이 되었다. 이것이 2008년의 금융위기를 가져온 이유들 중 하나였다.

2008년 무렵에 사람들은 자신이 실제로 감당할 수 없는 수준으로 소비하기 시작했다. 결과적으로 많은 미국 가정들이 이웃들보다 앞서가기 위해 광적인 주택 구매의 소용돌이에 말려들었다. 증가하는 집값 때문에 중산층 가정의 예산이 줄어들었다. 일하는 시간과 출퇴근 거리가 늘어났고, 더 큰 새 집을 사기 위해 과도하게 대출을 받았다. 모든 사람이 교외의 더 큰 집을 원했다.[38] 그것이 가계예산을 한계점까지 끌어올려 압박할 게 보이는데도 개의치 않았다.

이와 유사한 경향이 다른 곳에서도 관측되었다. 1980년대 이래 덴마크의 평균 주택 면적은 가족 1인당 13.6평에서 16.6평으로 증가했다. 이것은 30년 전에 비해 혼자 사는 사람들이 늘어난 새로운 가족형태 때문이기도 하고, 사회가 더 성장해왔기 때문이기도 하다. 여기에 더하여 사람들은 전보다 더 많은 가계 예산을 주택 구입에 지출한다. 1981년에 주택비는 가계예산의 18퍼센트를 차지했으나 오늘날은 평균 23퍼센트이다.

이렇게 된 부분적인 이유는 사람들의 기대치가 커졌기 때문이다. 오늘날 사람들은 스스로에게 이렇게 자문한다.

'내가 어떻게 이런 작은 집에서 만족할 수 있는가? 다른 사람들의 집은 이보다 큰데!'

- 사회적 지위를 드러내는
- '과시적 소비'

행복은 부분적으로 자신의 사회적 지위가 어떤 위치에 있는가에 달려 있다. 큰 집만으로는 사회적 지위를 남들에게 알리는 데 한계가 있다.

자신이 어디에 속해 있는지 혹은 어디에 속하고 싶은지를 다른 사람들에게 보여주려는 욕망은 현대에 와서 생겨난 현상이 아니다. '과시적 소비 conspicuous consumption'라는 말은 이미 1899년에 미국의 사회학자이자 경제학자인 소스타인 베블런 Thorstein Veblen이 만들어낸 것이다. 베블런의 이론에 따르면, 어떤 유형의 소비는 온 세상을 향하여 자기 자신이 대단히 잘난 사람임을 알리는 것이 목적인 소비가 있다.

베블런은 미국의 신흥부자 계급을 주목하면서 그들이 사회적 지위를 공고히 하기 위해 어떻게 돈을 쓰는지 살펴보았다. 평범한 외투도 밍크코트와 마찬가지로 보온기능이 있지만 이들이 밍크코트를 입는 것은 딱 보고도 돈 많은 여자가 간다는 소리가 나오도록 자신이 얼마나 부유한지를 남들에게 알리는 하나의 방법이다.

그런가 하면 사람들의 '소비 방식'은 세상을 향해 다른 메시지를 보내는 데 사용되기도 한다. 어떤 사람들은 진정으로 환경보호의 메시지를 보내고 싶어 하지만, 또 어떤 사람들은 환경보호에 대한 자신의 인식을 알리고 싶어 하기도 한다. 최근에 만들어진 '과시적 환경보호 conspicuous conservation'라는 말은 소비자가 실제로 환경보호에 관심을 갖고 실천하는 것이 아니라 환경에 대해 자신이 관심을 갖고 있다는 것을 과시하고 싶어 하는 상징적 소비와 관련이 있다.[59]

한 예로 사람들이 주택용 태양광 패널을 설치할 때 햇빛이 잘 드는 주택 뒤쪽이 아니라 그늘이 지더라도 사람들이 다니는 거리 쪽에다 설치한다고 한다. 이렇게 해야 더 많은 사람들로부터 주목을 받으면서 멋지다는 소리를 들을 수 있기 때문이다. 또 다른 사례는 다른 차들과는 다르게 생긴 친환경 하이브리드 자동차 프리우스이다. 그 차를 보는 사람들은 차주가 환

경의 전사라고 생각할 텐데 차주는 그것을 노린 것이다.[60]

이러한 유형의 소비는 소비자의 가치관과 그가 사회 내에서 차지하는 위치를 알리기 위한 것이다. 사람들은 자기보다 낮은 지위에 있는 사람들로부터 거리를 두려고 한다. 그래서 다른 사람들이 좀처럼 가기 힘든 곳으로 여행을 떠나고, 다른 사람들이 쉽게 접근할 수 없는 시간 많이 걸리는 취미를 선택한다. 사치품에다 돈을 들이는 것은 근본적으로 불합리한 일이지만, 인정받고 감탄을 자아내고 높은 신분을 드러내기 위한 경쟁의 일환으로 사치품을 사들인다. 그 경쟁에서 어떤 성과를 올리는지가 자신의 삶을 평가하는 데 영향을 미친다.

사람들이 추구하는 행복에는 사회 내에서 높은 지위에 오르는 것과 남들의 존경을 받는 것이 들어 있다. 《국부론 The Wealth of Nations》의 저자로서 자본주의의 '보이지 않는 손 the invisible hand'이라는 용어를 만들어낸 영국의 철학자이자 경제학자 아담 스미스 Adam Smith 는 그것에 대하여 이런 멋진 말을 했다.

"존경을 받기에 마땅한 사람이 되고, 동급자들 사이에서 신용과 지위를 얻고자 하는 욕망은 아마도 인간이 가진 모든 욕구 중 가장 강력한 것이다."[61]

바로 이 때문에 적어도 겉으로 드러나는 신분의 상징에 기껴이 비싼 값을 치를 준비가 되어 있는 것이다. 신분의 상징은 자신이 얼마나 부자인지를 남에게 설명해야 하는 번거로움을 덜어준다. 새로 산 핸드백이나 값비싼 디자이너 의자가 대신 말해줄 수 있기 때문이다.

사람들의 행복에서 참고할 기준점은 아주 중요하다. 사람들은 자신과 비교할 누군가가 필요하다. 이것은 베를린 장벽이 붕괴되면서 아주 분명하게 드러났다.

동서독이 통일되면서 옛 동독 시민들의 생활수준은 크게 향상되었다. 봉급이 인상되었고, 코카콜라의 매출은 옛 동독의 인기 브랜드인 클럽 콜라의 판매 실적을 금세 웃돌게 되었다. 옛 동독의 스파클링 와인 로트캡션 Rotkäppchen 보다 프랑스제 샴페인이 파티에서 선택받는 술이 되었다. 하지만 이런 새로운 번영에도 불구하고 일부 동독인들은 덜 행복했다. 왜 그럴까?

거기에는 여러 가지 이유가 있었다. 옛 동독에서는 없었던 실업이 갑자기 중요한 문제로 떠올랐다. 게다가 동독인들은 서독인들과 비교하기 시작했다. 옛 동독의 생활수준은 통일 후에 전보다 몇 배나 좋아졌지만 서독의 수준에는 미치지 못했다. 갑자기 생활형편이 좋아지면서 소득과 소비에 대하여 새로운 기대치가 생겨났다. 손님에게 로트캡션을 내놓는 것은 이제 더 이상 충분한 대접이 되지 못했다.

앞에서 말했듯이, 인간은 자기보다 약간 더 성공한 사람들과 자신을 비교하는 불행한 성향을 갖고 있다. 우리의 개인적인 소득수준과 소비수준은 우리 자신의 생활을 평가하는 데 영향을 미칠 뿐만 아니라 다른 사람들이 그들 자신의 삶과 행복을 어떻게 평가하는지에도 영향을 미친다.

- 소셜미디어 속에만 존재하는
○ 완벽한 삶

사람들은 하나같이 남들의 존경과 찬탄을 이끌어내기 위하여 자기 자신과 재산을 드러낸다. 그러나 사회적 지위를 얻기 위한 투쟁은 더 다양한 방식으로 전개되어 왔다.

100여 년 전에 소스타인 베블런은 미국의 신흥부자가 그들의 지위와 삶의 질을 알리는 두 가지 방식을 서술했다. 하나는 밍크코트를 사서 입는 것 같은 과시적 소비이고, 다른 하나는 취직을 하지 않는 것이었다. 일자리가 필요 없을 정도로 부자라는 상징이 당대의 유행이었다. 예전에는 들판에서 일을 하지 않는다는 것을 보여주는 하얀 피부가 이상적인 것으로 여겨졌던 반면에 요즘에는 사무실에 붙박여서 일을 해야 할 필요가 없는 사람임을 보여주는 선탠한 구릿빛 피부가 더 유행이다. 과거 중국의 귀족 처녀들은 전족을 해서 제대로 걸을 수가 없었는데, 그 처녀가 일을 하거나 기동을 해야 할 필요가 없을 정도로 충분히 부유하다는 것을 증명하기 위해서였다.

오늘날에는 소셜미디어가 발달하여 개인의 성공을 친구나 친척들과 공유할 수 있는 완전히 새로운 장이 열렸다. 게다가 소셜미디어는 사람들이 남들에게 자랑하고 싶은 그들의 삶의 모습을 게시할 수 있는 플랫폼을 마련해주었다.

베블런의 시대와 마찬가지로, 시간은 귀중품으로 인식되는데, 자신을 남들과 차별화시키는 한 가지 방식은 진정한 삶을 누리는 데 얼마나 많은 시간을 투자하는지를 남들에게 보여주는 것이다. 지난 몇 년 동안 '심플 리빙 simple living', '슬로 리빙 slow living', '슬로 푸드 slow food' 같은 구호가 여성 잡지들을 주름잡았다. 소셜미디어는 집에서 만든 발효빵과 수제 맥주로 넘쳐났다. 이것은 모두 '지금 이 순간을 멋지게 살기'와 온라인에 올려 인정받기에 관한 것들이다.

"숲속에 나무가 쓰러졌는데 주위에서 아무도 듣지 못한다면, 그것은 소리를 낸 것일까?"

이것은 철학자들이 사이에 내려오는 고전적인 질문인데, 현 세태에다 적용해보면 이렇게 될 것이다.

"집에서 만든 빵도 우리가 그것을 먹고 있다는 사실을 주위에서 아무도 모른다면, 여전히 똑같은 맛일까?"

이 질문은 소셜미디어가 대중적 인기를 누리는 이유 중 한 가지를 설명해준다. 또한 소셜미디어를 이용하는 것이 우리의 행복을 망쳐놓을 수 있는 가능성에 대해서도 말해준다.

페이스북 같은 것은 대개 긍정적인 이야기를 공유하는 데 주로 사용되는데 이것은 현실에 대하여 왜곡된 인상을 줄 수 있다. 페이스북이 묘사하는 세상은 어떠한가. 그 세상에서 사람들은 끊임없이 소울메이트를 만나고, 늘 마라톤을 하고, 옥스퍼드 대학을 졸업한다. 그들은 헤어지지도 않고, 살도 찌지 않으며, 식사가 끝난 후의 지저분한 주방 모습도 보여주지 않으며, 직장에서 해고되지도 않고, 저녁식사를 혼자서 포장 피자로 때운 적도 없다.

오르막과 내리막이 있는 실제의 삶을 페이스북 친구들의 겉보기에 완벽한 삶과 비교하다 보면, 자신의 존재가 그렇게 칙

칙해 보일 수가 없다. 이러한 비교는 자신의 삶이 남들과 비교할 때 덜 행복하다는 인상을 줄 것이다.

미시간 대학의 학자들이 미국 젊은이들을 조사한 연구는 소셜 플랫폼이 행복을 감소시킬 수도 있다는 것을 보여주었다. 실험참가자들은 2주 동안 문자메시지로, 그들의 행복과 외로움의 정도 그리고 지난 번 문자메시지를 받은 이후 소셜미디어를 얼마나 이용했는지에 대한 질문을 받았다.

이 연구에 따르면 실험참가자들의 만족도와 그들의 페이스북 사용 사이에는 분명한 연관성이 있었다. 젊은이들이 페이스북에 더 많은 시간을 소비할수록 그들은 덜 행복했다. 실험이 진행된 2주 동안, 페이스북을 자주 사용한 것은 행복수준에 부정적인 영향을 미쳤다.

이 연구는 또한 실험참가자들이 다른 페이스북 사용자를 어떻게 보는지 보여주었다. 응답자의 76퍼센트가 다른 페이스북 사용자들이 올린 것들은 실제보다 더 행복하고 성공적인 모습들만 보여준 거라고 느꼈다. 반면에 응답자 5명 중 4명은 자신이 페이스북에 올린 프로필은 있는 그대로의 진정한 자기 모습이라고 주장했다.[62]

2015년 11월 덴마크 행복연구소는 페이스북의 사용이 덴마

크 사람들에게 어떤 영향을 미치는지 측정하는 실험을 했다. 1,100명의 응답자 중 절반이 소셜미디어에 올라온 친구의 멋진 업데이트를 보고서 부러움을 느꼈다고 말했다. 페이스북에 그대로 남아 있는 실험참가자들에 비하여, 페이스북을 잠시 떠나 있으라는 요청을 받은 사람들은 일에 대한 집중도가 높아졌을 뿐만 아니라 웰빙의 느낌도 커졌다.

페이스북이나 인스타그램 같은 소셜미디어 플랫폼은 신분과 지위를 드러내고 주목받기 위한 싸움에 동원되는 수단이다. 사람들은 여기에다 그들이 사는 곳, 집의 크기, 명상센터를 방문하는 횟수 등을 올리고 남들과 비교하면서 싸우는 것이다. 페이스북이 발명되기 100여 년 전에 베블런이 이미 지적한 바와 같이, 사람들은 자신이 속해 있다고 느끼는 그룹 즉 소속되고 싶은 그룹을 알리려고 든다.

이처럼 사람들의 주목을 받으려는 싸움 덕분에 새로운 사업과 서비스가 생겨났다. 가령 여행사 엘카미노트래블의 패키지 상품에는 고객이 소셜미디어 프로필에 업로드할 수 있도록 완벽한 스냅샷을 찍어줄 개인 사진사를 붙여주는 서비스도 있다.

우리가 추구하는 개인적 행복이 친구와 친척들로 구성된 사회적 위계 내에서 우리가 차지하는 지위로 결정될 때, 이것은 상대방에게 손해를 입혀야만 자신이 혜택을 얻게 되는 제로섬 게임이 되고 만다.

    결론적으로 말해서, 복지수준, 사회적 결집력의 수준, 사회적 지위는 개인의 행복수준에 영향을 미친다. 이 외에도 영향을 미치는 다른 요인들이 있는데 그중 일부는 통제할 수도 있다. 이 점을 6장에서 살펴보자.

6장

어떤 선택이
우리를 행복하게 만들까?

lykken under lup

○ 어디에다 시간과 돈을 사용할지 잘 안다면 사람들은 행복의 정도를 조절할 수 있다.

○ 성공적인 사교 관계는 아주 중요하다. 우리가 어느 정도 행복한지를 보여주는 믿을 만한 지표이다.

○ 높은 수준의 개인적 자유는 행복을 증진한다. 그러나 선택의 대상이 너무 많은 것은 위험하다.

- 결혼은 우리를
- 더 행복하게 할까?

앞에서 돈과 건강이 우리의 행복에 미치는 영향을 논의했다. 돈과 건강은 우리가 쉽게 통제할 수 있는 것이 아니다. 이 장에서는 우리가 영향을 미칠 수 있는 몇 가지 요인들, 예를 들어 사교 관계나 소비행태 등을 살펴보자.

인생에서 가장 중대한 결정 중 하나는 자신의 삶을 누구와 함께할 것인가 하는 문제이다. 행복연구는 결혼에 대하여 어떤 얘기를 하고 있을까?

결혼제도는 경제학, 심리학, 사회학 분야에서 지속적으로 연구해온 주제였는데, 결론은 이러하다. 결혼한 사람은 그렇지 않은 사람보다 더 오래 살고, 더 많이 벌고, 성생활 만족도도 평균보다 더 높다. 행복연구 또한 결혼한 사람들이 미혼이든 이혼했든 결혼하지 않은 사람들보다 더 행복하다는 것을 보여준다. 인생에는 분명 결혼, 이혼, 미혼보다 더 중요한 문제들이 있지만, 결혼에 대한 수량적 연구는 이 세 가지 범주를 대상으로 하고 있다.

결혼한 사람들이 그렇지 않은 사람들보다 행복하다고 해서 결혼이 사람을 더 행복하게 만들어준다는 것은 아니다. 다만 행복한 사람은 결혼할 가능성이 높고, 결혼한 다음에 그 상태를 계속 유지할 가능성도 높다.

앞에서 언급한 바젤 대학의 행동학 교수 브루노 프레이와 공공선택과 공공경제학 교수 알로이스 스투처 Alois Stutzer 는 결혼이 행복에 미치는 영향을 연구했다. 두 교수는 오랜 기간에 걸쳐 수천 명을 관찰 조사한 독일의 한 패널(코호트)을 연구의 밑바탕으로 삼았다.

프레이와 스투처는 1984~2000년 사이에 결혼한 사람들을 연구대상으로 삼아 결혼 전과 결혼생활 도중, 이혼한 후에 행복수준이 어떻게 달라졌는지 관찰했다. 이 독일 패널 연구에 참가한 사람들은 그들이 전반적으로 어느 정도 행복하냐는 질문을 받고 0에서 10까지의 척도로 답했는데, 결혼한 사람들의 행복지수가 결혼하지 않은 사람들의 행복지수보다 0.3포인트 더 높게 나왔다.

이 연구결과에서 결혼한 사람들은 남녀 모두 독신자들보다 더 행복하다고 나왔다. 하지만 이 사람들은 결혼 전에도 이미 평균보다 더 행복하지 않았을까? 그렇기 때문에 배우자를 매혹시켰을 가능성이 더 높지 않을까? 바로 이 질문이 프레이와 스투처가 연구하도록 만든 지점이다.

행복한 처녀 총각은 결혼할 가능성이 높고 결혼생활을 유지할 가능성도 높은가? 프레이와 스투처의 연구는 적어도 장기적 행복을 측정할 때 이 이론이 맞다는 것을 확인시켜 주었다.

이 연구는 또한 결혼이 행복수준에 긍정적 영향을 미친다는 것을 밝혀냈다. 따라서 우리는 행복과 결혼이 서로 관련 있다고 결론 내려야 한다. 행복한 사람은 결혼할 가능성이 높고 그 결혼은 행복수준에 긍정적인 영향을 미친다.[63]

행복지수는 결혼 초기 몇 년간 가장 강하게 영향을 받는다. 그러나 두 학자는 결혼한 사람들의 행복지수가 독신자나 이혼한 사람들에 비하여 장기적으로 증가한다는 것을 발견했다. 물론 행복지수의 상승률은 부부에 따라 아주 달랐다.

전반적으로 행복수준은 커플들이 결혼하기 전부터 올라가기 시작했다. 약혼은 분명 행복에 영향을 미쳤고, 심지어 결혼 3년 전에도 결혼할 예정인 남녀는 행복수준이 올라갔다. 남녀 모두 결혼 직후의 시기에 가장 행복해 했다. 행복수준은 결혼 1년차에 꼭짓점에 도달했고, 그 후 천천히 하강하기 시작해 10년 동안 꾸준히 하강곡선을 그렸다. 이 10년이 프레이와 스투처가 연구한 기간이다.

이혼으로 끝난 결혼에서도 동일한 경향이 관찰되었다. 이혼에 이르는 기간 동안에는 부부의 행복수준이 떨어졌다. 행복지수는 이혼 직후 1년 동안에 최저점에 도달했고, 그 후 반등하기 시작했다. 당연히 이것은 예상과 일치하는 것이므로 다른 연구결과를 뒷받침한다.

결혼의 긍정적인 영향이 결혼식 전후에 집중되어 있는 것처럼 보일지라도, 결혼한 사람들은 여전히 독신자들보다 전반적으로 더 행복했다.

- 나를 이해하고 지지하는
○ 사회적 네트워크

결혼이 행복에 미치는 영향을 설명할 때 부분적으로는 인간이 사회적 존재이고 유의미한 사회적 교류를 중요하게 여긴다는 사실도 설명할 수 있다. 사회적 교류의 수준과 행복수준을 비교했을 때 인간의 이러한 관계가 아주 중요하다는 것이 밝혀졌다. 비록 획기적인 결론은 아니지만, 이러한 결론은 사회적 관계가 행복연구에 중요한 역할을 한다는 것을 상기시켜 준다.

위기에 처했을 때 의지할 만한 사람이 있느냐는 질문에 사람들이 어떻게 대답하는지는 그들의 행복을 보여주는 명확한 지표이다.

페이스북에 500명의 친구가 있는 것은 중요하지 않다. 중요한 것은 자신의 사회적 관계가 얼마나 친밀한지 아는 것이다. 당신의 생각과 감정을 공유하고, 당신을 이해하고 지원해주며, 그에 대한 보답으로 당신의 이해와 지지를 받을 만한 사람이 있는가. 이러한 친밀한 관계의 중요성은 〈세계행복보고서〉 같은 국제적인 조사는 물론이고, 보다 동질적인 그룹이 사는 지역의 조사에서도 분명하게 드러났다. 앞에서 언급한 덴마크의 소도시 드라괴르에 대한 최근 연구에서는 주민들의 삶의 질에 영향을 미치는 요인들을 살펴보았다.

이 연구결과는 놀랄 것도 없이 사람들의 평균 행복수준은 그들의 사교 관계에서의 만족도와 일치한다는 것을 보여주었다. 사회적 관계가 가장 만족스럽지 못한 사람들은 장기적 행복수준도 최하 점수를 받아 0에서 10까지의 척도에서 3.3점을 기록했다. 이와는 대조적으로 사교 관계가 활발한 사람들은 평균 8.3점을 받았다.

이 두 집단의 5점의 차이는 지구상에서 가장 행복한 나라들

과 시리아, 이라크, 중앙아프리카공화국 같은 가장 행복하지 않은 나라들 사이의 행복 점수 차이와 비슷하다.

사회적 고립은 개인적이고 정서적인 행복에 커다란 영향을 미친다. 외로움은 신체적 질병과 정신적 질병을 일으키는 가장 잘 알려진 원인이다. 사회적 네트워크가 없는 노인들의 사망률이 아주 높으며, 사회적 고립은 흡연보다 개인의 건강에 훨씬 심각한 피해를 입힌다. 게다가 고립은 치매와 우울증에 걸릴 위험을 높인다.[64]

친구와 가족들 사이에 친밀한 관계를 유지하는 것, 이웃과 좋은 사이로 지내는 것, 공동체 내의 활동에 참가하는 것 등은 개인의 행복에 긍정적인 영향을 미친다. 그런 것들은 행복한 공동체를 만드는 데 기여한다.

사회적 책임의 수준이 높고 공공 단체가 많다는 것은 덴마크가 행복조사에서 높은 점수를 받는 이유를 설명해준다. 덴마크 속담처럼 사람 셋만 모이면 공공 단체를 구성할 수 있다. 사회적 결속력이 가장 높은 덴마크에는 10만 개 이상의 공공 단체와 조직들이 있고 현재 활발하게 활동하고 있다.[65] 지역 축구 클럽, 우표수집 동아리, 주민복지센터 등의 이런 모임에서 근 200만 명에 달하는 덴마크인들이 자원봉사자로 일하면서 사교 활동을 벌인다.

공동체 정신이 사회에 영향을 미친다는 것은 새로운 개념이 아니다. 2000년에 하버드 대학의 정치학 교수인 로버트 퍼트남Robert Putnam은 미국 시민사회의 붕괴를 연구한 개척자적인 저서 《나 홀로 볼링Bowling Alone》을 발간했다. 이 책의 내용을 요약하자면, 현대 미국인들은 그들의 공동체에 점점 더 참여하지 않게 되고 서서히 미국 사회의 사회구조를 파괴하고 있다고 주장한다.

오늘날 미국인들은 자원봉사를 하거나 교회에 가고, 이웃과 사교를 하며 친구를 집으로 초대하고, 남들과 어울려 여행을 가고, 술집에 가고, 모임의 회원이 되는 등 사회적 활동을 하는 사람들이 점점 더 적어지고 있다. 다른 사람들과 대화하는 시간도 줄어들고 있다.[66]

이에 비해 덴마크인의 78퍼센트는 적어도 일주일에 한 번은 가족, 친구, 직장 동료들과 함께 교제하며 사회 활동을 한다. 이런 활동을 하는 유럽인의 평균은 60퍼센트이니 덴마크는 평균 이상이다.

이러한 수치에도 불구하고 덴마크에서 외로움은 아주 흔한 현상이고 많은 사람들의 행복에 나쁜 영향을 미친다. 덴마크 혹은 북유럽 모델이 전반적인 행복수준을 높이기는 했지만, 이런 유형의 사회에도 부작용이 있다.

덴마크 사회는 매우 효율적으로 시민들을 잘 보살피기 때문에 사람들은 서로 상대방을 보살피는 것을 그만두었다. 다른 나라 사람들과는 다르게 덴마크인은 더 이상 가족에 의존하지 않는다. 기본적인 가족구조는 붕괴되었고 그것이 부분적으로 덴마크 사람들의 외로움을 설명해준다. 오늘날 분가하여 사는 덴마크인 중 32퍼센트만이 매주 한 번씩 부모를 방문한다.[67]

행복과 마찬가지로 외로움에도 한 가지 이상의 차원이 있다. 외로움의 기본 형태는 주위에 사람이 없는 것이다. 그러나 사람은 남들과 함께 있을 때조차도 외로움을 느낄 수 있다. 이 때문에 얼마나 많은 덴마크인들이 외로움을 느끼는지 측정하기가 어렵다. 많은 연구에서 덴마크인 25퍼센트가 때때로 혹은 정기적으로 외로움을 느낀다고 밝혔다.

외롭다는 것은 자신을 이해하고 지지해주는 친한 친구가 없다는 것과 같은 게 아니다. 인간은 자신이 남들에게 필요한 존재임을 각인시키고 싶어 하는 강력한 욕망을 가지고 있다. 자신의 이기적 욕망을 넘어서서 다른 사람들에게 변화를 주고 필요한 존재가 되는 것은 인생의 중요한 한 부분이다.

앞 장에서 다룬 상대적 소득에 대한 논의에서 등장한 '이웃효과 neighbor effect' 또한 일정한 역할을 한다. 사람들은 재정적으로나 사회적으로나 남들과 비교를 한다. 외로움에 대한 연구에 따르면, 외로움 지수는 가을과 겨울보다는 봄과 여름에 더 높다. 옥외 활동을 많이 하는 따뜻한 계절에 다른 사람들의 사회적 활동에 더 많이 노출되기 때문이다.[68]

이 원칙은 소셜미디어의 사용과도 관련이 있다. 외로운 사람들은 남들의 화려한 사교 활동을 계속 보게 되면 더 외로움을 느낀다. 이것은 행복에 부정적인 영향을 미친다.

대다수의 덴마크인들에게 사회적 고립과 외로움은 삶의 질을 향상시키기 위해 극복해야 할 중요한 장애물이다. 근년에 들어와 여러 가지 외로움 해결정책들을 수립했는데 그중에는 '외로움에 맞서는 사람들 People Against Loneliness'이라는 협회도 있다. 이 조직은 덴마크의 외로운 사람들 숫자를 2020년까지 절반으로 줄이기 위하여 60개 이상의 공공기관, 지방자치단체, 민간기업들의 노력을 총괄하는 단체이다.

- 남을 돕는 행동이
- 나를 행복하게 한다

사교 관계가 행복에 영향을 미친다는 사실은 자원봉사를 하는 사람들의 장기적 행복수준이 더 높은 이유를 부분적으로 설명해준다. 행복한 사람들은 남을 돕고 싶어 하는 마음이 더 강하고, 자원봉사활동을 하는 것은 확실히 개인의 삶의 질에 긍정적인 영향을 미친다. 앞에서 언급한 기혼과 미혼에 대한 논의와 비슷하게 자원봉사활동도 원인과 결과를 구분하기가 어렵다. 일단 자원봉사활동이 행복을 증진시킨다는 주장을 받아들이면서 몇 가지 이론들을 살펴보자.

첫 번째 이론은 어떤 자발적인 사회봉사가 삶의 비교 대상을 바꾸어 놓는다고 말한다. 자기보다 더 잘사는 사람들과 비교하는 것이 아니라 자기보다 가난한 사람들과 비교하기 시작하는 것이다. 이렇게 하면 자신의 삶에 좀 더 감사하게 되고 행복수준도 올라간다.[69]

두 번째 이론은 자원봉사활동이 우리 삶에 의미를 부여하여 행복을 증진시킨다고 주장한다.[70]

세 번째 이론은 자원봉사활동이 우리의 사회적 관계를 넓혀

6장 어떤 선택이 우리를 행복하게 만들까? •223

주고 그것이 우리의 행복에 긍정적인 방식으로 영향을 미친다고 주장한다.[71]

그렇다면 여기서 이런 질문이 자연스럽게 생겨난다.

'자원봉사활동과 행복이 그렇게 밀접한 관계가 있다면 왜 일부 사람들만 그 일을 하는가?'

자원봉사와 행복의 관계를 다룬 노르웨이의 한 보고서에 따르면, 자원봉사활동이 개인과 공동체에 미치는 긍정적 효과를 사람들이 잘 알지 못한다. 대부분의 사람들은 자원봉사활동이 그들 자신보다는 남들에게 혜택을 주는 일이라고 생각한다는 것이다. 하지만 위의 연구가 증명하듯이, 자원봉사활동은 자원봉사자에게도 혜택을 준다. 우리는 이 지식을 널리 공유할 필요가 있다.

- 어디에 돈을 써야
- 가장 행복할까?

인생의 많은 결정은 돈을 어떻게 쓸 것인가 하는 문제와 관련되어 있다. 이 지점에서 중요한 질문이 있다.

'우리는 행복을 돈 주고 살 수 있을까?'

하버드 경영대학원의 마이클 노턴 Michael Norton 교수와 브리티시 컬럼비아 대학의 엘리자베스 던 Elizabeth Dunn 교수가 수행한 최근의 연구는 그 대답을 내놓았다.

"가능하다. 당신이 어디서 쇼핑해야 할지 안다면!"

노턴과 던은 더 큰 집이나 더 큰 자동차를 사들이는 데 돈을 쓴다면 그 누구도 행복하게 만들어주지 않는다고 결론지었다. 두 교수에 따르면 행복수준을 높여주는 것은 소위 '친사회적인 소비 pro-social spending'이다.

두 교수의 연구에 참여한 응답자들 중에는 브리시티 컬럼비아 대학의 학생들도 있었다. 어느 날 이 학생들에게 현재의 행복수준을 물은 다음에 5~20캐나다 달러가 든 봉투를 주었다. 그 학생들 중 절반에게는 그 돈을 갖고 가서 그들 자신을 위해서 쓰라는 미션을 주었다. 그런 뒤 그날 늦게 학생들에게 전화를 걸어 그 돈을 썼을 때 행복했는지 그리고 어디다 썼는지 물었다. 다른 절반의 학생들에게는 그 돈을 그들 자신이 아닌 어떤 것 혹은 어떤 사람을 위해 쓰라는 미션을 주었다. 이 그룹에게도 그날 늦게 전화를 걸어 돈을 어디에다 썼고 그때 기분은 어땠는지 물었다.

결과는 그들 자신이 아닌 어떤 것 혹은 어떤 사람을 위해 쓰라는 지시를 받은 학생들의 행복수준이 더 높았다. 친구에게 커피 한 잔을 사주거나, 어머니에게 귀걸이를 사드리거나, 집 없는 사람에게 적선하는 행위는 자신을 위해 돈을 쓰는 것보다 그들을 좀 더 행복하게 만들었다. 사용된 돈의 액수는 행복수준에 아무런 영향을 미치지 못했고 단지 남에게 주었다는 행위가 그들을 행복하게 만들었다.

던과 노턴은 자선기관에 돈을 기부하는 것이 어떻게 장기적 행복수준과 관련이 있는지 조사했다. 중앙아프리카공화국을 뺀 136개국 모두에서 두 교수는 긍정적인 연관성을 발견했다. 자선기관에 돈을 기부한 사람은 그렇지 않은 사람보다 평균적으로 더 행복했다.

행복연구에 따르면 행복을 돈 주고 살 수 있는 다른 방법들이 있다. 던과 노턴은 체험을 사는 것이 물건을 사는 것보다 더 좋은 투자라고 지적한다. 물건은 곧 익숙해지기 때문이다(4장의 '쾌락의 쳇바퀴' 참조). 그러나 체험은 다르다. 앞서 기대할 수 있고, 그것이 벌어지는 순간에는 즐길 수 있으며, 나중에는 그 기억을 소중하게 간직할 수 있다. 체험은 또한 기존의 사교 관계를 강화하고 새로운 관계를 맺도록 해준다.

일상생활에서 행복을 돈 주고 살 수 있는 방법에는 이런 것도 있다. 집안일을 도와줄 가사도우미를 고용하거나 봉급이 적더라도 출퇴근 시간을 아낄 수 있게 집 가까운 곳에 직장을 잡음으로써 자신을 위하여 더 많은 시간을 확보하는 쪽으로 소비 방향을 전환하는 것이다.

시간과 소득 사이에서 균형을 잡는 능력은 덴마크인이 행복 조사에서 좋은 성적을 내는 여러 이유들 중 하나이다. OECD 국가들 중에서 덴마크인은 가장 많은 자유시간을 즐기고 있다. OECD는 주당 50시간 이상 근무하는 것을 오랜 시간 근무로 규정하는데, 오랜 시간 일을 하는 인구에 대한 OECD 평균은 9퍼센트인데 비하여 덴마크는 인구의 2퍼센트만이 오랜 시간 일을 한다.[72] 덴마크인의 연간 휴가기간도 다른 나라 사람들은 꿈도 꾸지 못할 정도로 길다.

그러나 이런 축복도 익숙해지면 곧 당연한 것으로 여겨진다. 그러므로 이민자들이 덴마크를 어떻게 생각하는지 살펴보는 것은 흥미로운 일이다. 영국의 언론인 캐시 스트롱맨 Cathy Strongman은 몇 년 전 영국 런던에서 덴마크 코펜하겐으로 이사했는데 이주 체험 기사가 《가디언 Guardian》지에 실렸다. 그녀는 이렇게 썼다.

"우리 가족은 지난주에 유엔의 〈세계행복보고서〉에서 덴마크가 1위를 차지했다는 것을 읽고서도 별로 놀라지 않았다. 우리가 3년 전 이주해온 이래 우리의 삶의 질은 급상승했고 런던에 대한 우리의 강력했던 충성심은 덴마크 풍물에 대한 열광적 지지로 바뀌었다."

스트롱맨에 따르면 그 주된 이유는 일과 삶의 균형에 있었다. 런던에서 살 때 그녀의 남편은 매일 저녁 9시가 되어서야 퇴근했지만 코펜하겐에서는 오후 5시면 집으로 출발한다.

"중요한 것은 가족이 매일 저녁마다 함께 놀고 식사할 시간이 있다는 겁니다. 이건 정말 좋아요. 남편은 목욕을 하고 14개월 된 딸 리브를 매일 밤 직접 침대로 데리고 가서 잠을 재웁니다. 두 부녀는 과거에는 주말에야 겨우 재회하는 낯선 사람들이었는데 이제는 가장 친한 친구가 되었지요."[73]

스트롱맨은 행복은 일과 삶의 건전한 균형에 달려 있다고 말하는데, 이것은 타당한 주장이다. 2012년 〈세계행복보고서〉에 따르면, 행복한 사람들의 삶은 비교적 균형이 잡혀 있다.[74]

일과 자유시간 사이에 건전한 균형을 이루려면 일하는 시간과 장소에 대해서 유연성이 있어야 한다. 직장인라면 종종 직장에서 일을 모두 마치기 전에 유치원에 간 아이를 데리러 가야 하는 일이 생긴다. 덴마크 통계청에 따르면 덴마크 직장인 25퍼센트가 그들의 근무시간을 자율적으로 조정할 수 있고, 모든 사람이 다 일정한 시간에 직장에 나와야 하는 것은 아니다. 덴마크 직장인의 17퍼센트는 집에서 시간제로 일한다.

유연한 근무시간제 혹은 재택근무는 삶을 덜 불편하고 덜 복잡하게 만든다. 가령 새로 산 냉장고를 평일 오전 10시에서 오후 4시 사이에도 집으로 배달시킬 수 있다. 이것은 덴마크에는 일상생활에서 스트레스와 좌절을 겪는 사람이 별로 없는 이유를 부분적으로 설명해준다. 이런 느긋한 생활은 자연히 행복 수준을 높여준다. 그것은 삶의 또 다른 중요한 선택, 즉 어디에서 살 것인가 하는 문제로 이어진다.

- 완벽을 추구할 것인가,
○ 차선에 만족할 것인가?

덴마크를 비롯해 많은 나라에서 도시화가 계속 진행되고 있다. 사람들은 농촌에서 도시 지역으로 몰려든다. 오늘날에는 덴마크인 10명 중 6명이 도시에 사는데, 2050년에 이르면 아마 10

명 중 9명 가까이 될 것이다.

그렇다면 도시 거주민과 농촌 거주민은 행복의 관점에서 어떻게 다를까? 대부분의 국제 행복조사에서는 농촌의 평균 행복수준이 높게 나온다. 왜 농촌 지역이 도시 지역보다 장기적 행복수준이 높을까? 여러 요인들이 그 이유를 설명해준다.

첫째, 도시와 농촌 두 환경에서는 사람들이 비교하는 대상인 참조 집단이 서로 다르다. 도시에서는 빈부 격차가 두드러져서 꼭대기까지 올라가는 거리가 너무나 멀어 보인다. 자연히 극복 불가능한 것이 되어 버리고, 이것은 사람들의 행복에 부정적인 영향을 미친다.

둘째, 사교적 관계를 맺는 조건은 농촌 지역이 더 좋다. 농촌의 지역공동체에서는 사람 관계에 더 쉽게 몰입할 수가 있다.

셋째, 도시 지역과 농촌 지역의 행복수준은 서로 다른 유형의 성품이 서로 다른 것을 추구하기 때문에 다를 수 있다.

행복연구자들은 때때로 개인을 '극대화하는 사람 maximizers'과 '차선에 만족하는 사람 satisficers'으로 나눈다. 차선에 만족하는 사람은 피츠버그의 카네기 멜런 대학 경제학 및 사회학 교수 허버트 사이먼 Herbert A. Simon 이 1950년대에 만들어낸 조어이다. 사이먼은 최적의 선택 안이 없는 상황에서 결정이 어떻게 내려지는지 그 과정을 연구했다.

'차선에 만족'이란 완벽한 것은 아니지만 현재의 것에 대략 만족하며 그래도 받아들일 만한 어떤 것을 선택하는 것을 뜻한다. 그런대로 맞는 청바지를 선택할 것인가, 아니면 완벽한 것을 찾아서 수천 벌의 청바지를 입어보며 많은 시간을 보낼 것인가?

극대화하는 사람은 차선에 만족하는 사람과는 다르게 인생의 조건들을 개선하기 위하여 끊임없이 노력한다. 패널 연구들은 극대화하는 사람이 봉급, 경력, 물질적 소유 등에 있어서 더 발전을 이루지만, 완벽하지 않더라도 현재의 조건들을 받아들이는 차선에 만족하는 사람만큼 만족감을 느끼지는 못한다는 것을 밝혀냈다.

도시와 농촌 사이에 행복수준이 차이 나는 것은 극대화하는 사람이 교육과 경력을 위해 도시에 많이 몰려드는 반면, 차선에 만족하는 사람들은 자신이 태어난 고장에 그대로 머물러 산다는 사실과 연결되어 있다.

그런데 낮은 기대수명과 높은 행복수준 사이에도 연관성이 있을까? 덴마크가 행복조사에서 그처럼 좋은 성적을 거두는 것은 덴마크 사람들의 기대수명이 낮기 때문이라는 얘기를 자주 들었다. 그러나 이것은 《영국의학저널British Medical Journal》에 실린, 덴마크인과 그들의 행복에 관한 10년 묵은 논문이 만들어낸 신화일 뿐이다. 그 논문은 덴마크가 국제 행복조사에서 그처럼 좋은 성적을 내는 것은 덴마크 사람들이 전반적으로 인생에 대하여 낮은 기대치를 갖고 있기 때문이라고 결론 내렸다. 이 정보는 그 후 〈뉴욕 타임스〉, BBC, CNN 등을 타고 퍼져나갔고 그때 이래 덴마크 언론에서도 빈번하게 인용하고 있다.

그러나 이 정보에는 애초에 한 가지 문제점이 있다. 이 논문이 실린 《영국의학저널》의 크리스마스 판은 원래 풍자를 목적으로 발간하는데, 루돌프의 코가 왜 빨간지 설명하는 다른 논문들처럼 이 논문도 농담의 뜻을 갖고 있었다. 문제의 덴마크 관련 논문에는 덴마크가 행복한 또 다른 요인으로, 1992년 유럽 축구 챔피언십에서 덴마크가 독일을 누르고 승리했다는 것과 덴마크 사람들 중에 블론드 머리를 한 여자의 비율이 높다는 것을 들고 있다. 이게 농담이 아니란 말인가.

물론 낮은 기대수명이 사람들의 행복수준에 영향을 미칠 수도 있을 것이다. 그러나 지금까지 학자들은 이 주장을 뒷받침할 수 있는 증거를 발견하지 못했다. 게다가 덴마크인들 사이에서 특별히 낮은 기대치를 발견하지도 못했다. 덴마크인들은 물질적 소유물에 대해서는 다른 서구 나라들에 비하여 욕망이 덜하지만, 가족, 건강, 여가시간 등에 대해서는 높은 기대치를 갖고 있다.

- 선택의 기회가 다양해지면
  - 더 행복할까?

덴마크인이 누리고 있는 높은 수준의 개인적 자유는 사람들의 행복에 긍정적인 영향을 미치므로 우리는 그것을 소중하게 여겨야 한다. 앞에서 이미 설명한 것처럼, 개인적 자유 덕분에 우리는 우리의 인생을 통제할 수 있고, 원한다면 그 인생을 바꿀 수도 있다. 개인적 자유는 우리가 자유롭게 인생의 목표를 추구할 수 있다는 뜻이다. 덴마크 사람들은 필요한 성적증명서만 내놓을 수 있으면 그들이 원하는 교육을 받을 수 있다. 그러나 다른 나라에서의 교육 기회는 부모의 소득수준에 달려 있는 경우가 더 많다.

그러나 개인적 자유에는 어두운 측면도 있다. 선택의 기회를 갖는다는 것은 때때로 문제를 일으킨다. 소년은 더 이상 아버지처럼 대장장이가 되지 않아도 된다. 오늘날 우리는 하고 싶은 것을 자유롭게 선택할 수 있고 능력만 있으면 얼마든지 뻗어나갈 수 있다. 사회 경력에 대하여 조언해주는 책자들은 1,000개 이상의 직장 및 교육의 유형을 열거한다. 때때로 이런 엄청난 자유는 불안과 공포를 조장한다. 그중 어느 하나를 고른다는 것은 나머지를 모두 포기하는 것이기 때문이다. 선택의 가짓수가 늘어나면 잘못된 선택을 하거나 덜 이상적인 결정을 내릴 위험도 높아진다.

이 때문에 '제한'은 때때로 우리의 선택과 나아가 행복에 긍정적인 효과를 미치기도 한다. 여기에 한 가지 사례가 있다.

나는 코펜하겐을 아주 많이 사랑한다. 앞에서 농촌 지역에 사는 사람들이 일반적으로 더 행복하다고 말했지만, 그래도 덴마크의 다른 지역에 가서 살고 싶은 생각은 없다.

그런데 만약 언어, 교육, 노동 관련 사항에 아무런 제한이 없어서 다른 곳에 살 수 있다면 어떤 선택을 하게 될까? 가령 스페인의 바르셀로나에서 직장을 잡고 집을 얻고 공공기관을 상대하는 것이 여기 코펜하겐처럼 수월하다면 내가 지금 선택한 것처럼 코펜하겐에서 사는 것을 확실하게 선택할 것인가? 학자들에 따르면 그 대답은 '아니오.'이다.

1995년에 컬럼비아 대학의 경영학과 교수이자 《선택의 기술 The Art of Choosing》의 저자인 쉬나 리엔가 Sheena Lyengar는 캘리포니아 수퍼마켓에서의 소비자 행동에 대하여 지금은 고전이 된 연구서를 발간했다. 한 수퍼마켓 전시장에서 리엔가 교수는 어떤 때는 다른 종류의 잼 6가지를 무료로 맛보게 했고, 어떤 때는 24가지의 잼을 맛보게 했다. 고객들은 잼을 한 통 살 때마다 1달러씩 할인을 받았다.

24가지 종류의 잼을 전시했을 때는 수퍼마켓 손님 중 60퍼센트가 그 매대를 찾아왔고, 6가지 잼을 전시한 때에는 40퍼센트만이 찾아왔다. 그러나 고객들은 골라야 할 가짓수가 제한되어 있을 때 실제로 잼을 더 많이 사들였다. 6가지 잼을 전시했을 때는 시식한 고객의 30퍼센트가 잼을 구입했으나, 24가지를 전시했을 때에는 겨우 3퍼센트만 구입했다.

이 실험은 다음과 같은 사실을 분명하게 보여준다. 고객들은 자신의 선택이 현명한 것이라고 확신하면 선택하는 데 한결 편안함을 느낀다. 24가지에서 고르는 것보다는 6가지 중에서 고르는 것이 한결 결정을 내리기 쉽다. 사람들은 전시된 것들 중에서 가장 좋은 것을 고른다는 확신이 서질 않으면 아예 구매

하지 않는 쪽을 선택했다.

학자들은 사람들이 여러 종류의 초콜릿 중 어느 하나를 선택하는 방식이나, 남녀 만남 웹사이트에서 파트너를 선택하는 방식에 대해서도 유사한 실험을 실시했다. 관련 연구들은 선택 대상이 많은 게 반드시 장기적이든 단기적이든 더 많은 행복을 의미하지는 않음을 보여주었다. 선택 대상이 다양하면 가장 좋은 것을 선택한다는 확신을 갖기 어렵기 때문이다. 특히 그 선택 행위가 좋아하는 초콜릿을 고르는 차원이 아니라 인생에 중요한 문제일 때에는 더욱 망설이게 되는 것이다.

그러나 선택의 자유가 아예 없는 것은 행복에 부정적인 영향을 미친다. 선택을 강요당하는 것도 부정적인 효과를 일으킬 수 있다. 7장에서 그런 선택을 내리는 데 행복연구가 어떻게 도움을 줄 수 있는지를 살펴보자.

7장

더 나은 삶을 위해 해야 할 일은 무엇인가?

lykken under lup

○ 경제학에서 사용되는 '빈곤선'과 '불평등' 같은 용어가 곧 행복연구의 한 부분이 될 것이다.

○ 행복연구자들은 정책과 사업이 삶의 질을 어떻게 향상시키는지 측정할 수 있는 새로운 방식을 개발할 것이다.

○ 행복연구와 긍정심리학은 교과과정의 필수과목으로 들어가 아이들에게 웰빙수준을 향상시키는 기회를 줄 것이다.

○ 점점 더 많은 도시들이 '훌륭한 삶'을 약속함으로써 더 많은 시민들을 유치하려 할 것이다.

- 행복학에 등장한
○ 새로운 언어

이 책은 행복연구의 서론으로 집필되었기에 아래 질문들에 대한 답을 찾아가는 과정의 기록이기도 하다.
 '우리는 왜 행복을 측정하는가?'
 '그리고 어떻게 행복을 측정하는가?'
 '그 결과는 무엇인가?'
 '왜 어떤 공동체들은 다른 공동체들보다 더 행복한가?'
 행복연구는 결국 삶의 질을 향상시키는 방법에 대한 우리의 지식을 확장하는 것이다. 아리스토텔레스가 이미 말했듯이, 행복은 삶의 목적이자 의미요, 인간 존재의 궁극적인 목표이다.
 인간은 호기심을 갖고 있기 때문에 '우주는 어떻게 시작되었는가', '사람들은 중세에 어떻게 살았는가', '21세기에 기업을 어떻게 경영할 것인가' 등 많은 것을 연구할 수 있다. 한때

항해사들이 지구를 순항하도록 만들었던 호기심은 오늘날 현대의 학자들에게 영감을 불어넣고 있다. 호기심 덕분에 우리는 지도에서 탐색되지 않은 지역을 보면서 '저기서는 무슨 일이 벌어지고 있을까?'라는 생각을 하게 된다.

우리의 행복 지도와 삶의 질 지도는 여전히 미개척 분야가 많다. 모르는 것들이 너무 많다. 그러나 행복학은 성장 중인 학문 분야이고, 갈수록 더 많은 학자와 대학과 정부가 행복에 관한 지식을 확충하는 데 도움을 주고 있다. 이제 앞날에 대한 전망을 살펴보자.

행복학 학자들이 사용하는 언어는 가까운 장래에 좀 더 정밀하고 동질적인 것이 될 것이다. OECD가 2013년에 발간한 중요한 간행물 〈주관적 웰빙 측정 지침〉에서 행복의 측정 및 개념화와 관련하여 균일한 기준을 추천했는데, 이 지침들은 앞으로 몇 년 동안 국제 행복학의 언어에 영향을 줄 것이다.

행복조사에 사용되는 방법들도 발전하여 더욱 세련된 모습을 갖추게 될 것이다. 오늘날 거의 모든 행복조사들은 평균치를 측정한다. 조사자들은 각국의 사람들 1,000명 혹은 3,000명에게 얼마나 행복한지를 물은 다음 각 인구의 평균치를 계산하는 방식을 취하고 있다.

이 방법을 쓰면 아주 다른 두 나라에서 동일한 평균치가 나올 수도 있다. 가령 0에서 10의 척도로 얼마나 행복한가 물었을 때 A라는 나라는 모든 국민이 5라고 대답했고, B라는 나라에서 국민 절반은 0이라고 대답하고 나머지 절반은 10이라고 대답했다고 하자. 그런데도 두 나라의 평균치는 똑같이 5가 된다. 두 나라는 서로 아주 다른데도 불구하고 행복수준 차트에서 나란히 같은 자리를 차지할 것이다.

평균 수치에 너무 의존하는 것은 또 다른 면에서 행복조사의 유익함을 줄어들게 만든다. 개인의 행복이 9에서 10으로 올라간 것은 1에서 2로 올라간 것과 비슷하게 행복수준에 영향을 미친다. 만약 사회 내의 불우한 사람들의 삶을 향상시키고 싶다면 이런 증가분을 서로 구분해야 한다.

경제의 관점에서 불평등을 묘사하는 용어로 '지니 계수Gini coefficient'가 있는데, 한 국가의 국민들 사이에서 부가 어떻게 분배되었는지 말해준다. 한 국가 내에서 발견되는 행복과 웰빙의 불평등한 분배를 묘사해주는 계수는 아직 없다.

2015년 여름, 덴마크 행복연구소는 유럽 여러 나라의 행복 불평등을 조사한 지표를 도입한 최초의 기관이 되었다. 여러 연구들 중 〈유럽행복평등지수European Happiness Equality Index〉는 핀란드가 유럽에서 행복 분배가 가장 평등한 나라이고, 알바니아가 꼴찌임을 밝혔다. 이 지표는 또한 평등수준이 높은 나라가 행복수준도 높아서 서로 상관관계가 있음을 보여주었다.

이제 경제학의 방법과 개념들이 행복연구에 경쟁적으로 적용될 것이라고 한다. 그중 빈곤선의 개념을 살펴보면, 덴마크에서 빈곤선은 현재 10만 3,000크로네이다. 그렇다면 삶의 질, 웰빙, 정신건강 등의 빈곤선은 어느 수준으로 설정해두고 있는가? 이제 우리가 이 문제를 논의해야 할 때가 되었다.

- 행복연구에 대한
- 다양한 투자

행복연구는 정부의 정책수립과 정치 프로그램의 개발 및 평가에도 지금보다 더 큰 역할을 하게 될 것이다. 우리는 무엇이 행복을 만들어내고 또 삶의 질을 향상시키는지 측정할 수 있지만, 아직도 이 지식을 활용하지는 못한다.

가령 만족스러운 사교 관계가 행복 여부를 보여주는 가장 좋은 지표의 하나라는 것을 알았을 때, 어떻게 이 지식을 활용하여 지금과는 다른 사회, 다른 삶을 만들어낼 것인가? 사람들을 우울증과 유사한 정신병으로부터 탈출시키기 위하여 어떤 개선된 프로그램을 만들어낼 것인가? 우리의 지식이 사태를 변화시킬 수 없다면 그 지식은 쓸모가 없는 것이다.

물론 공동체나 자선단체가 개선된 행복과 '좋은 삶'에 투자하여 최대한의 결과를 얻어내는 것도 중요하다.

재계에 있는 사람들뿐만 아니라 많은 사람들이 투자수익을 의미하는 ROI Return on Investment라는 말을 들어보았을 것이다. 광고에 2,000유로를 투자하여 3,000유로를 벌어들였다면 ROI는 50퍼센트가 된다. ROI는 어떤 투자가 가장 많은 소득을 올렸는지를 측정하는 데 사용된다. 광고를 하는 것이 좋을지, 회사의 영업사원을 훈련하는 데 그 돈을 쓰는 것이 좋을지를 따지는 것이다.

이런 계산은 관련 수치와 기준이 잘 알려져 있어도 때때로 아주 복잡하다. 그러니 측정할 수 없는 어떤 것을 계산하려고 할 때에는 문제가 얼마나 더 복잡해지겠는가! 어떤 공동체나 자선단체는 어떤 투자가 삶의 질을 최대한으로 증진시킬 것이라고 확신할 수 있는가? 오늘날 이런 종류의 결정은 대충 직감으로 정한다. 우리는 그런 직감을 뒷받침해줄 도구를 개발할 필요가 있다.

그다음 단계는 행복연구자들이 정치적 프로그램, 사업, 정책의 장래 효과를 측정할 수 있는 방법을 개발하는 것이다. 이것은 무엇보다도 정부에 중요하다. 왜냐하면 정부는 공개시장에서 구할 수 없는 서비스를 제공하므로, 다른 서비스들에 가격을 매기는 방식으로 정부의 서비스에 가격을 매길 수가 없기 때문이다. 행복연구소는 현재 덴마크의 한 대규모 재단을 위하여 그런 측정방법을 개발 중이다. 우리는 다수의 프로젝트가 삶의 질에 미치는 영향을 연구하는 새로운 방법과 웰빙에 가장 큰 영향을 미치는 요인들을 알아내는 새로운 방법을 찾아내고자 한다.

그 효과를 수량화 가능한 측정 단위로 바꾸기 위해 그것을 유로나 센트 같은 잘 알려진 경제 측정단위로 전환시킬 수 있다. 어떤 프로젝트가 어떤 사람의 웰빙수준에 어떤 동일한 효과를 올리려면 그 개인에게 어느 정도의 돈을 주어야 하는지도 측정할 수 있을 것이다.

아직도 개발 중에 있는 이 방법들은 '웰빙가치평가 Well-being Valuation', '사회적 측정 Social Measurement', '사회적 투자 수익 Social Return on Investment' 등 다양한 명칭으로 불릴 수 있을 것이다.

'웰빙가치평가'는 이미 영국 정부가 활용하는 정책평가 매뉴얼의 일부로 들어가 있다. 영국 복지제도는 현재 변모 중인데, 부탄에서와 마찬가지로 새로운 개혁안들은 영국 국민의 삶의 질, 웰빙, 행복수준 등에 미치는 영향에 따라 평가될 것이다. 새로운 법령이 범죄, 문화, 건강 등의 분야에서 미칠 영향을 측정하기 위하여, 여러 정부 부처가 영국의 행복조사에 관여하고 있고 또 독립적인 연구를 수행하고 있다.

다양한 사회적 주택 프로젝트의 효과도 평가되어 왔다. 연구조사에 따르면 주민들에게 소속감을 부여하는 것이 쓰레기 수거문제를 해결해주는 것보다 약간 더 높은 가치를 가지고 있는 것으로 나왔다. 같은 연구에서 주민의 우울증이나 불안감 문제를 해결해주는 것이 훨씬 더 높은 가치를 가지고 있음을 보여주었다.

만족, 행복, 삶의 질을 돈의 문제로만 보는 것은 분명 잘못된 것이다. 어떤 사람의 우울증을 고치는 데 10만 유로가 든다고 해도 우리는 그 사람을 고쳐주어야 한다. 그렇다고 10만 유로를 들여서 어떤 사람의 삶을 개선해주는 프로젝트가 5,000 유로를 들여서 개선해주는 다른 프로젝트보다 반드시 우월한 것은 아니라는 점을 이해하는 것도 중요하다. 또 각 개인이 느끼는 행복의 불평등이 출발점이라는 것을 이해해야 한다. 이런 유보사항들에 잘 대비한다면, 객관적인 경제적 기준들은 비교의 목적으로 유익하다.

가장 높은 '웰빙투자수익'을 지닌 프로젝트만 선택하는 것은 반드시 바람직하다고 볼 수 없다. 다른 흥미로운 요인들 가령 장기적 전략이나 사람들 중 특정 하부집단을 지원하는 것 등은 우리의 측정방법으로는 다루지 못할 수도 있다. 오로지 국민총생산 증가에만 집중하는 나라에 대해서도 같은 얘기를 해볼 수 있다. 국민총생산뿐만 아니라 환경과 인간적 관심사도 함께 고려해야 하는 것이다.

- 행복학을 교과 과목에
- 포함시키는 이유

버클리, 스탠퍼드, 런던 경제대학 등에서 학생들은 '행복 경제학Happiness Economics'과 '행복학Happiness Studies'을 수강할 수 있다. 하버드 대학에서 가장 인기 높은 과목은 '긍정심리학'인데 매해 1,500명의 학생이 수강한다.[75]

부탄의 학교들은 여기서 한 걸음 더 나아가 중등학교 학생들을 대상으로 '생활 기술'이라는 과목을 시범적으로 가르치고 있다. 부탄 정부의 교육부는 최근에 마틴 셀리그먼 교수의 모교인 펜실베이니아 대학 학자들에게 배려, 공감, 사교 관계, 문제 해결 등의 주제를 포함하는 과목을 만들어달라고 요청했다.

부탄 학교의 실험은 15개월 동안 지속되었고 18개 학교의 8,385명의 학생들이 참여했다. 비교의 목적으로 다수의 학교를 무작위 추출하여 '플라세보 placebo' 과목을 가르치도록 했다.

이 실험의 목적은 새로운 교과 과목이 학생들의 웰빙수준을 높여주는지 또 그것이 학생의 전반적인 학업성적에 영향을 주는지 테스트하려는 것이었다. 그것은 웰빙수준과 학업성적에 긍정적인 영향을 미쳤다. 새 교과 과목이 도입된 학교의 학생들은 웰빙수준이 높아졌고 학업성적도 나아졌다. 새로운 교과 과목을 가르친 지 15개월이 지나자 평균 50퍼센트 학생들의 학업성적이 향상되었고 이 수치는 곧 60퍼센트에 도달했다.[76]

가까운 장래에 행복학은 많은 덴마크 학교의 교과 과목에도 도입될 것이다. 이 새로운 과목이 행복학이 아닌 '웰빙 well-being', '정신적 강인함 mental robustness', '긍정심리학 positive psychology' 등 다른 이름으로 불리는 것은 그리 중요하지 않다. 결국 그 과목

의 목표가 중요하니까 말이다. 아이들이 발전하여 대성할 수 있는 기회에 영향을 미치는 요인, 조건, 메커니즘, 이런 것들을 아이들에게 가르쳐서 더욱 행복해지도록 만드는 것이 이 과목의 목표이다.

이러한 학과개발에 선도적 위치에 있는 학교는 주트란드에 있는 뇌레스코브 학교 Nørreskov School 이다. 이 학교는 무엇보다도 마틴 셀리그먼으로부터 많은 영감을 얻었다. 2011년에 이 학교는 감사함, 호기심, 사회적 지능 등 24개의 인간적 핵심 사항들을 강조하는 프로젝트를 시작했다.[77]

학생들은 개인적으로 일기를 쓰는 것 이외에, 남들과 자기 자신의 내부에 깃들어 있는 장점을 알아내는 공부도 했다. 이 학습에 참가한 학부모들은 행동장애를 겪는 학생들과의 의사소통 수준이 더 높아졌다는 것을 발견했다.

이 실험의 후속 평가는 이런 결과를 보여준다. 학생들 사이에서 서로 관용하는 수준이 높아졌고, 갈등을 해결하는 시간을 포함해 갈등의 횟수와 범위는 많이 떨어졌다. 교실 내의 분위기가 한결 느긋해지면서 수업 효과도 높아졌다.

2013년 같은 지역의 6개 다른 학교들도 유사한 실험을 수행했다. 점점 더 많은 학교들이 웰빙을 교과과정에 편입시킬 것이다. 초등학생의 웰빙을 지켜주는 것이 덴마크의 새로운 3대 핵심 교육사항 중 하나니까 말이다. 덴마크의 최신 교육개혁안은 초등학교에 웰빙을 교과 과목으로 편성하라고 권장하면서 웰빙에 초점을 맞추는 주도적 프로젝트와 협력사업을 환영하고 있다.

- 좋은 삶을 제공하기 위한
- 도시들 간의 경쟁

2장에서 논의한 것처럼, 전 세계의 점점 더 많은 도시들이 행복조사를 수행하고 있으며, 전반적인 개발전략에서 행복과 삶의 질 문제를 다루고 있다. 이러한 추세는 앞으로 더욱 확대될 것이다. 점점 더 많은 도시들이 행복, 삶의 질, '삶의 활력가능성 liveability' 등 각종 기준에서 실적을 올리려고 노력하고 있기 때문이다.

　좋은 삶의 질을 제공하겠다면서 도시들 간의 경쟁이 점점 치열해지고 있다. 오늘날 많은 도시들이 이코노미스트 정보부나 잡지 《모노클 Monocle》, 컨설턴트 회사인 머서 Mercer 같은 각종 연구기관에서 편찬한 삶의 활력가능성 리스트에서 그들이 상위 순번을 차지하고 있다고 자랑스럽게 말한다. 이러한 상위 순번은 거주하고 일하는 곳에서 삶의 질을 추구하는 납세자들을 유치하는 데 중요한 역할을 한다.

이러한 도시 간 경쟁은 도시들에게 그들만의 독특한 삶의 질 브랜드를 개발하라고 압박하고, 장래의 시민들이 어떤 것에 매혹을 느낄지 곰곰 생각하게 만든다. 보고타 시의 시장 엔리케 페날로사 Enrique Peñalosa 는 이런 질문을 던졌다.

"발전된 도시는 가난한 사람들이 자동차를 타고 다니는 곳인가, 아니면 부자들도 대중교통 수단을 이용하는 곳인가?"

작은 나라인 덴마크에서도 각 도시들은 새로 전입해온 시민들에게 '좋은 삶 the good life '을 제공하는 경쟁에서 선두 자리를 차지하기 위해 각축을 벌이고 있다. 도시들이 내놓는 슬로건으로는 이런 것이 있다. "좋은 삶, 새로운 환경 속에서!"(겐토프테 시), "건강서비스를 포함한 좋은 삶!"(발렌스백 시), "좋은 삶, 모든 시민에게 복지 테크놀로지를!"(슬라겔세 시).

'좋은 삶'과 '행복'에 대한 약속은 덴마크로 관광객을 유치하는 데에도 활용되고 있다. 전국의 해변 도시들은 관광객을 유치하기 위하여 '좋은 삶' 전략을 개발했고, 링쾨빙 시는 '유럽에서 가장 행복한 도시'에 사람들을 초대한다고 말했다. 어떻게 링쾨빙이 그런 호칭을 얻게 되었는지는 불분명한데, 아무튼 이 주장에 대한 반박은 아직까지 나오지 않았다.

드라괴르 시에서 지역 행복조사를 실시했을 때, 이 소도시는 독일의 가장 큰 여행 잡지인《GEO》와《모노클》의 기사로 등장했다. 부탄의 EU 대사를 포함한 파견단이 이 소도시를 찾아왔다. 인구 1만 5,000명의 소도시가 이 정도로 주목을 받다니 대단한 일이다.

'행복'과 '좋은 삶' 같은 구호는 관광업 분야에서 잘 통한다. 2014년의 여론조사는 코펜하겐 관광객의 70퍼센트가 행복조사에서 덴마크가 1위를 차지했다는 사실을 알고 있음을 보여주었다. 응답자 10명 중 4명은 이 사실이 덴마크 방문 결정에 영향을 미쳤다고 대답했다.[78]

그러나 도시들은 '좋은 삶'이라는 일방적인 주장만 계속 펴나갈 수는 없다. 앞으로는 그 주장을 문서로 입증해야 한다.

덴마크의 어떤 도시에서 시민들이 '좋은 삶'을 향유하고 있는가? 겐토프테 시, 발렌스백 시, 슬라겔세 시인가? 덴마크의 어떤 지역에 가면 연소득 40만 크로네인 사람이 가장 행복하게 살 수 있는가? 우리는 아직 알지 못한다. 덴마크 행복연구소는 어떤 곳이 정말 '살기에 아주 좋은 곳'인지 알아볼 수 있게 하는 인증 코드를 개발 중이다. 이 인증 코드는 관광지, 건축, 사건, 제품 등도 커버할 예정인데, 이렇게 문서화하면 소비자의 웰빙, 행복, 삶의 질 지수에 긍정적인 영향을 미칠 것으로 전망한다.

나는 제품에 '행복 스티커'가 붙어 있을 거라고 기대하지는 않는다. 하지만 사람들이 장기적이든 단기적이든 행복수준에 진정으로 영향을 미치는 소비자 스타일과 생활방식을 선택하는 방법을 배우기를 바란다. 그렇게 하면 우리는 행복에 긍정적인 영향을 미치지 않는 소비행태를 줄일 수 있게 되고, 그 대신에 장기적 행복에 영향을 미치는 것들을 선택하는 지혜를 갖게 될 것이다.

또한 행복연구의 결과가 '국가의 발전을 어떻게 측정할 것인가'에 대한 논의를 더욱 촉진시키기를 바란다. 마지막으로 지금까지 말해온 행복연구를 통하여, 행복과 삶의 질이 날마다 향상되는 사회를 만들어야 하고, 우리 자신뿐만 아니라 미래의 세대에게도 혜택을 줄 수 있어야 한다는 희망을 갖고 있다.

●○ **역자 후기**

우리 속담에 "사주팔자에 없는 관을 쓰면 이마가 벗어진다."라는 말이 있다. 여기서 사주팔자는 타고난 운수를 가리키는 것으로서 도둑도 훔쳐가지 못하는 어떤 것이다. 다시 말해서 본인의 노력도 중요하지만 모든 일에는 운이 따라주어야 한다는 뜻이다. 그래서 우리 조상들은 운에 없는 행복 혹은 자기 분수에 넘치는 복락은 오히려 해롭다고 보았다.

가령 특별한 노력 없이 한꺼번에 많은 소득을 올린다거나 어느 하루에 좋은 일이 겹쳐서 일어나는 것 등을 음양의 원칙에 입각하여 불행의 전조일지도 모른다는 두려운 마음으로 응대했다. 여기에는 너무 좋은 것은 오래 가지 못하므로 그것에 집착하면 안 된다는 생각이 자리 잡고 있었다. 그래서 변화를 당하여 놀라지 않으려고 애쓰면서, 좋은 일이 생겼다고 기뻐할 것도 없고 반대로 나쁜 일이 생겼다고 슬퍼할 것도 없다고 보았다. 오히려 행복한 날이 많기보다는 아무 일 없는 날이 더 많기를 바랐다.

이에 가장 근접한 사상이 돈과 권력을 한 손에 틀어쥔 8세기 스페인의 칼리프인 압둘라만의 명언이다. 칼리프의 규방에는 아내, 첩, 흑인 환관 등이 모두 합쳐 6,300명이나 되었고, 전장에 나서면 1만 2,000명의 기병대가 그 뒤를 따랐다. 그런데 사후에 그의 서랍에서는 이런 글이 나왔다.

"나는 이제 승리와 평화 속에서 50년 이상을 다스려왔다. 내 신하들로부터 사랑을 받았고, 내 적들에게는 두려움의 대상이었으며, 나의 동맹들로부터는 존경을 받았다. 부와 영예, 권력과 쾌락이 늘 부르기만 하면 내게 달려왔고, 나에게 복락을 안겨줄 수 있는 지상의 축복은 부족한 것이 없었다. 이러한 상황에서 나는 내 인생에 있었던 순수하고 진정한 행복의 날들을 열심히 꼽아보았다. 그 숫자는 겨우 열나흘이었다. 아 사람들이여, 그러니 이 세상의 행복을 너무 믿지 말기 바란다."

아무리 돈이 많고 권력이 세도 반드시 행복하다고 할 수는 없다.

그러나 서양에서 행복을 바라보는 시각은 우리 조상의 그것과는 달랐다. 그들도 처음에는 행복을 신들의 소관 사항이라고 생각했다. 그리스 신화를 보면 신의 변덕에 따라 인간의 행복과 불행이 엇갈리는 장면들이 많이 나온다. 플라톤도《법률》에서 세 번이나(1장, 9장, 11장) 인간을 가리켜 신들의 놀이를 놀아주는 노리개라고 규정하고 있다. 그러나 아리스토텔레스는 인간이 자기 힘으로 인생의 의미를 찾아내어 행복을 실현할 수 있다면서 그것을 그리스어로 '유다이모니아'라고 했다. 이 말은 '유다이(좋은 것)'와 '모니아(인간의 운명)'의 합성어로서, 좋은 운명을 추구하는 것이 곧 행복이라는 얘기이다. 그러다가 기독교가 로마 제국의 국교로 수립되면서 인간의 행복은 천상에서 누리는 것이 진정한 행복이며, 지상의 것은 예고편에 불과하다고 가르쳤다.

이후 계몽시대가 오면서 행복은 천상의 일로 미룰 것이 아니라 지금 이 순간 여기 이 땅에서 실현되어야 한다는 주장이 힘을 얻게 되었다. 1776년 미국 독립선언은 목숨, 자유, 행복의 추구를 인간의 기본권으로 규정했다. 그 행복의 추구는 다시 장기적인 것과 단기적인 것으로 나뉘는데 사람의 한 평생을 통하여 얻는 것이 장기적인 것이라면, 지금 이 순간 혹은 어제 하루에 느꼈던 좋은 감정은 단기적인 것이라 할 수 있다.

단기적인 것은 날마다 다르기 때문에 규정하기가 어렵지만 장기적인 것은 보통사람의 경우, 주로 돈을 많이 버는 것을 의미하게 되었다. 그리하여 오늘날 행복은 곧 돈 많은 것과 동일시되어, 심지어 남들에 대한 덕담으로 "부자 되세요!"라는 말이 널리 쓰일 정도이다. 소스타인 베블런(1857~1929)은 이런 현상에 주목하여《유한계급론》에서 돈이 곧 문화를 움직이는 힘이요, 돈 많은 사람은 자신의 우월함을 뽐내기 위해 과시적 소비를 한다고 주장했다. 이것은 돈이 곧 행복이라는 메시지를 에둘러서 말한 것이다.

이러한 서양의 행복사상에 충실하게, 이 책의 저자는 돈에 눈이 달려 있어서 돈을 좋아하는 사람에게 찾아오듯이, 행복도 열심히 행복을 추구하는 사람에게만 찾아온다고 주장한다. 가만히 있는데 사람이 저절로 행복해질 수는 없다는 것이다. 그래서 많은 사람들이 '어떻게 하면 조금이라도 더 행복해 질 수 있을까' 궁리하면서 열심히 그 방법을 추구하고 있다.

가령 하버드 대학에 개설된 긍정심리학에 매년 1,500명의 수강신청이 들어오는 사실은 그런 현상의 한 가지 측면이라는 것이다. 하지만 저자는 개인이 자신의 능력으로 행복을 추구하는 데에는 한계가 있다면서 행복의 사회적 측면을 강조한다.

사람은 사회적 존재이므로 반드시 사교적 관계를 유지해야 하는데, 그것을 도와주는 것이 사회안전망이다. 그런 안전망이 잘 되어 있는 나라일수록 시민이 가난해도 행복을 느낄 가능성은 높아진다. 가령 덴마크의 가난한 사람이 미국의 가난한 사람에 비해 행복지수가 높은 연구조사 결과가 나오는 것은 사회안전망이 잘 갖추어져 있기 때문이라는 것이다. 아프면 무료로 병원에 다닐 수 있고, 옆에서 외로움을 덜어주는 사회복지사가 있고, 실직자가 되면 국가가 생활비를 한동안 보조해주고, 노인의 경우에는 적절한 노령연금을 지불하여 물질적 결핍으로부터 벗어나게 해주는 것이다.

그래서 이 책의 후반부에서는 행복은 결코 시민의 개인적 능력에만 맡겨둘 수 없고 사회 전체의 문제로 접근해야 한다고 주장한다. 그러자면 시민들에게 폭넓은 시민강좌를 개설하여 적극적으로 가르쳐야 하고, 중고교 과정은 물론이고 나아가 대학과정에서도 '행복학' 과목을 가르쳐야 한다고 주장한다.

기존의 행복 관련 도서들이 어떻게 하면 행복해질 수 있을까를 고민하는 소승적(개인적) 차원의 구체적 방법론을 가르치는 반면에 이 책은 행복에 대해서 사람, 사회, 정부가 어떻게 생각하는지 살펴보고, 개인과 사회의 행복을 증진시키기 위해 어떤 목표와 정책을 설정해야 하는가 하는 대승적(사회적) 관점에 논의의 초점을 맞추고 있다. 그런 거시적 관점을 갖출 때 비로소 한 사회의 행복 추구가 어떤 방향으로 나아가야 할지 분명해진다는 것이다.

결국 행복은 개인과 제도의 두 문제로 환원되는데, 개인이 아무리 노력해도 안 되는 부분은 제도적으로(사회적으로) 지원해주어야 비로소 한 나라의 행복수준이 높아지고 그에 따라 국가가 발전하게 된다는 것이다.

우리나라에서도 행복은 아주 중요한 문제이다. 이 책은 이렇게 말하고 있다.

"자살률이 높은 나라들로는 리투아니아, 러시아, 우크라이나, 일본, 대한민국 등을 꼽을 수 있는데 자살률이 인구 10만 명당 25~35 사이를 오간다."

그리고 몇 해 전에 우리나라가 OECD 국가 중 자살률이 최고로 높다는 통계수치도 발표되었다. 자살하는 시민이 많은 나라는 결코 행복한 나라라고 할 수 없다. 여기에는 상대적 박탈이 크게 작용한다. 주위의 사람이 모두 어렵게 살아간다면 어느 정도 자신의 불행을 견딜 수 있지만, 다른 사람들은 행복한

데 또는 국가는 부자인데, 유독 자기 자신만 불행한 것은 누구나 견디기 힘든 것이다.

물론 범죄를 저지르거나 불명예를 당하거나 감당할 수 없는 부채를 져서 자살하는 사람들도 있겠으나, 대부분의 사람들은 아무도 돌봐주지 않으니까 저 혼자 몸부림치다가 인생의 괴로움에서 벗어나기 위해 최후의 시도로 그런 극단적인 선택을 하는 것이다. 이런 점에서 자살의 문제는 물론이고 더 나아가 공동체 구성원이 불행에서 벗어나는 문제는 더 이상 각자 알아서 처리해야 할 문제가 아니고 공동체가 함께 머리를 맞대고 생각해봐야 할 중요한 화두인 것이다.

오늘날 행복 추구는 인간의 기본적인 권리로 널리 인식되고 있다. 각급 학교에서는 행복을 적극적으로 추구하는 것이 시민의 본분이고 누가 그 행복을 억압하려 든다면 저항하는 것이 시민의 의무라고 가르친다. 따라서 우리 조상들의 행복관과 요즈음의 행복관은 많이 달라졌지만, 개인의 행복을 극대화시키기 위해 사회가 적극 나서서 여러 모로 도와주어야 한다는 주장은 그 두 행복관 사이에서 충분히 인식의 공통점을 발견할 수 있다. 그런 점에서 행복의 사회적 실천을 주장하는 이 책은 한번 읽어볼 만하다.

참고문헌

1장

1 Darrin McMahon, 2006, Happiness A History.
   번역서:《행복의 역사》

2장

2 〈세계행복보고서 2012〉는 컬럼비아 대학의 지구연구소에서 발간했고, 저명한 경제학자 세 명이 편집했다. 그중 한 사람인 제프리 삭스Jeffrey Sachs는 28세에 하버드 대학의 경제학 교수가 되었고, 나중에는 유엔사무총장 반기문의 특별 고문관으로 활동했다. 〈뉴욕 타임스〉와 《타임》지는 그를 가리켜 세계에서 '가장 중요한' 그리고 '가장 잘 알려진' 경제학자라고 말했다. 다른 두 편집자는 브리티시 컬럼비아 대학의 경제학 교수인 존 헬리웰John Helliwell과 런던 경제대학의 경제학 교수 겸 프로그램 디렉터인 리처드 레이어드Richard Layard이다.
3 OECD, 2013, Guidelines on Measuring Subjective Well-being.
4 OECD, 2013, Guidelines on Measuring Subjective Well-being; DW, "Germany seeks happiness formula"(June 9, 2013); Stiglitz J. et al., 2009, Report by the Commission on the Measurement of Economic Performance and Social Progress.
5 OECD, 2013, Guidelines on Measuring Subjective Well-being.
6 1968년 3월 18일에 캔자스 대학에서 행한 로버트 케네디의 연설은 존 F. 케네디 도서관 및 박물관에서 볼 수 있다.
7 이 연설은 2010년 11월 25일에 열렸으며, 아래 웹사이트에서 확인할 수 있다. https://www.gov.uk/government/speeches/pm-speech-on-wellbeing
8 Office for National Statistics, Measuring National Well-being: Life in the UK (2012).
9 위의 8을 참조할 것.
10 The Danish Health Board, 2012, Prevention Package- Mental Health.

11 World Happiness Report(2013).
〈세계행복보고서 2013〉
12 Francesca Borgonovi, "Doing well by doing good. The relationship between formal volunteering and self-reported health and happiness", in Social Science and Medicine, Vol. 66(June 2008).
13 1990~2012년 사이에 '주관적 웰빙'이라는 용어를 포함하는 논문들을 Google Scholar에서 검색한 자료에 바탕을 둔 것.
14 The Financial Times, "The bottom line on happiness"(May 8, 2013).
15 The Economist, "Happiness-No longer the dismal science"(April 6, 2012).
16 Harvard Business Review, "Special Issue on Happiness"(Jan-Feb, 2012).
17 Oswald, Andrew et al., 2009, Happiness and Productivity; Wright, Thomas & Douglas G. Bonett, 2007, "Job Satisfaction and Psychological Well-being as Non-additive Predictors of Workplace Turnover", Journal of Management, Vol. 33, pp. 141-160.
18 Veenhoven, Ruut, 2008, "Healthy happiness: effects of happiness on physical health and the consequences for preventive health care", Journal of Happiness Studies, 9, pp. 449-469.
19 Inc., "How to be Happier at Work"(May 22, 2012).
20 New York Times, "Do happier people work harder?"
21 Aldous Huxley, 1932, Brave New World.
번역서: 《멋진 신세계》

3장

22 Helliwell, John F. & Shun Wang, 2011, "Weekends and Subjective Well-being", Working Paper, No. 17180, National Bureau of Economic Research, Cambridge MA.
23 OECD, 2013, Guidelines on Measuring Subjective Well-being.
24 Kahneman, Daniel, Peter P. Wakker and Rakesh Sarin, 1997, "Back to Bentham? Explorations of experienced utility", Quarterly Journal of Economics, 112(2), pp. 375-405.

25 B.T., "Brug tandtråd og lev seks år længere"(March 1, 2010).
26 Powdthavee, Nick, 2010, The Happiness Equation.
27 Di Tella, Rafael *et al.*, 2007, "Happiness Adaptation to Income and to Status in an Individual Panel."

4장

28 Oswald, Andrew J. & Nattavudh Powdthavee, 2006, "Does Happiness Adapt? A Longitudinal Study of Disability with Implications for Economists and Judges."
29 Lykken, David T., "The Heritability of Happiness", Harvard Mental Health Letter.
30 Lacey, Heather *et al.*, 2006, "Hope I Die before I Get Old: Mis-predicting Happiness Across the Adult Lifespan."
31 Blanchflower, David G. & Andrew J. Oswald, 2008, "Is Well-being U-Shaped over the Life Cycle?"
32 Weiss, Alexander *et al.*, 2012, "Evidence for a midlife crisis in great apes consistent with the U-shape in human well-being."
33 Charles, Susan *et al.*, 2001, "Age-Related Differences and Change in Positive and Negative Affect Over 23 Years", Journal of Personality and Social Psychology, 80(1).
34 2009년에는 20개국을 대상으로 연구했으나 2000년에는 18개국만이 참여했다.
35 http://www.dr.dk/P1/Detektor/Udsendelser/2013/04/18102635.htm
36 Graham, Carol, 2009, Happiness around the World.
37 Veenhoven, Ruut, 2008, "Health happiness: effects on physical health and the consequences for preventive health care", Journal of Happiness Studies, 9, pp. 449-469.
38 Snowdon, David et al., 2001, "Positive Emotions in Early Life and Longevity: Findings from the Nun Study", Journal of Personality and Social Psychology, vol. 80, no 5.

39 Kiecolt-Glaser, 2002, p. 543.
40 Steptoe & Wardle, 2011, "Survival from affect assessment."
41 Goudie, Robert J. B. *et al.*, 2012, "Happiness as a driver of risk-avoiding behaviour: Theory and an empirical study of seatbelt wearing and automobile accidents."

5장

42 Fukuyama, Francis, 2011, The Origins of Political Order; Diener, Edward *et al.*, 2010, "The Danish Effect: Beginning to Explain High Well-being in Denmark." 번역서:《정치 질서의 기원》
43 Earth Institute, Columbia University, World Happiness Report(2012) 〈세계행복보고서 2012〉
44 World Happiness Database-Happiness in Nations.
45 Forbes, "Happy in Denmark-How Come?"(June 28, 2011).
46 Helliwell, John F. & Shun Wang, 2010, Trust and Well-being.
47 Associated Press, "Scandinavians Prove Their Honesty in European Lost-Wallet Experiment"(June 20, 1996).
48 Helliwell, John F. & Haifang Huang, 2008, "How's Your Government? International Evidence Linking Good Government and Well-being", British Journal of Political Science, 38(4), pp. 595-619.
49 European Social Survey(2010).
50 Earth Institute, Columbia University, World Happiness Report(2012). 〈세계행복보고서 2012〉
51 European Social Survey(2010). 〈유럽사회조사 2010〉
52 Frey, Bruno & Alan Stutzer, 1999, "Happiness Prospers in Democracy."
53 The World Bank, 2012, "How Close Is Your Government to Its People? Worldwide Indicators on Localization and Decentralization."
54 The Danish Constitution, kap. 8, §71-81.

55 Kahneman, Daniel & Angus Deaton, 2010, "High income improves evaluation of life but not emotional well-being."
56 Earth Institute, Columbia University, World Happiness Report(2012).
〈세계행복보고서 2012〉
57 Easterlin, Richard, 1974, "Does Economic Growth Improve the Human Lot? Some Empirical Evidence."
58 Frank, Robert H., 1999, Luxury Fever: Why Money Fails to Satisfy in an Era of Excess.
번역서:《사치 열병》
59 Sexton, Steven E. & Alison L. Sexton, 2011, "Conspicuous Conservation: The Prius Effect and Willingness to Pay for Environmental Bona Fides."
60 위의 59를 참조할 것.
61 Smith, Adam, 1759, The Theory of Moral Sentiments.
번역서:《도덕 감정론》
62 Kross, Ethan, et al., 2013, "Facebook Use Predicts Declines in Subjective Well-being in Young Adults", PLoS One.

6장

63 Stutzer, Alois & Bruno S. Frey, 2004, "Does marriage make people happy, or do happy people get married?"
64 Steptoe, Andrew et al., 2013, "Social isolation, loneliness, and all-cause mortality in older men and women"; Holt-Lunstad, Julianne et al., 2010, "Social Relationships and Mortality Risks: A Meta-analytical View"; Holwerda, Jan et al., "Feelings of loneliness, but not social isolation, predicts dementia onset: Results from the Amsterdam study of the Elderly"(AMSTEL, 2012); Cacioppo, John T. & Mary Elizabeth Hughes, 2013, "Loneliness as a Specific Risk Factor for Depressive Symptoms: Cross-Sectional and Longitudinal Analyses."
65 SFI, 2006, "Det Nationale Forskningscenter for Velfærd, Den frivillige sektor i Danmark – omfang og betydning."

66 Putnam, Robert, 2000, Bowling Alone-The Collapse and Revival of American Community.
    번역서: 《나 홀로 볼링》
67 Eurofound, Quality of Life Survey(2012).
68 EGV og Maryfonden, 2014, "Ensomhed midt i livet."
69 Borgonovi, Francesca, "Doing well by doing good. The relationship between formal volunteering and self-reported health and happiness" in Social Science and Medicine, Vol. 66(June 2008).
70 Musick, Marc & John Wilson, 1999, "The effects of volunteering on the volunteer."
71 Lin, Nan, 2001, "Social Capital: A theory of Social Structure and Action."
72 OECD, 2013, Better Life Index.
73 The Guardian, "Copenhagen really is wonderful- for so many reasons."(April 7, 2012).
74 Earth Institute, Columbia University, World Happiness Report(2012).
    〈세계행복보고서 2012〉

7장

75 New York Times, "Happiness 101"(January 7, 2007).
76 Adler, Alejandro, 2015, "Gross National Happiness and Positive Education in Bhutan."
77 Fisker, Helle *et al.*, 2013, "Positiv psykologi-trivsel og læring i folkeskolen."
78 Institut for Lykkeforskning, 2014, "Dansk lykke er et superbrand."

그들은 왜 더 행복할까

1판 1쇄 발행 2018년 7월 18일

지은이　마이크 비킹
옮긴이　이종인
발행인　유성권
펴낸곳　㈜이퍼블릭

출판등록　1970년 7월 28일, 제1-170호
주소　　서울시 양천구 목동서로 211 범문빌딩 (07995)
대표전화　02-2653-5131 | **팩시밀리** 02-2653-2455
　　　　www.milestonebook.com

- 이 책은 저작권법으로 보호받는 저작물이므로 무단 전재와 복제를 금지하며, 이 책 내용의 전부 또는 일부를 이용하려면 반드시 저작권자와 ㈜이퍼블릭의 서면 동의를 받아야 합니다.
- 잘못된 책은 구입처에서 교환해 드립니다.
- 책값과 ISBN은 뒤표지에 있습니다.

마일스톤 Milestone 은 ㈜이퍼블릭의 비즈니스/자기계발서 브랜드입니다.